U0865348

历史的慧眼

——今天我们怎样读历史

于沛 著

CNS | 湖南人民出版社

目录

前　言 _ 001

一、什么是历史 _ 001

1. 自然史和人类史 _ 001 / 2. 客观发生的历史 _ 006 / 3. 史家编纂的历史 _ 010 / 4. 历史学和历史观 _ 014 / 5. 历史研究是一切社会科学的基础 _ 018

二、唯物史观：唯一的科学历史观 _ 022

1. 唯物史观产生以前的历史观 _ 022 / 2. 唯物史观创立的社会历史条件和理论来源 _ 027 / 3. 唯物史观使人类历史研究成为科学 _ 032 / 4. 必须用唯物史观重新研究全部历史 _ 036

三、唯物史观和历史研究 _ 041

1. 物质资料的生产是社会生活的基础 _ 041 / 2. 人类历史发展的根

本动因 _ 045 / 3. 阶级、阶级矛盾与阶级斗争 _ 048 / 4. 社会历史规律和社会形态 _ 053 / 5. 人民群众和个人在历史上的作用 _ 058

四、历史是发展的充满着矛盾的运动 _ 063

1. 一切事物都是发展变化的 _ 063 / 2. 历史的发展按螺旋式前进 _ 067 / 3. 历史发展的统一性和多样性 _ 070 / 4. 历史发展的必然性和偶然性 _ 074

五、研究历史的方法 _ 078

1.详尽地占有史料 _ 078 / 2.把问题提到一定的历史范围内 _ 082 / 3.阶级分析 _ 086 / 4. 逻辑分析 _ 091

六、中国传统史学的优良传统_ 095

1. 重视修史 _ 095 / 2. 求真求实 _ 101 / 3. 经世致用 _ 105

七、中国世界史研究萌生_ 114

1.睁眼看世界 _ 114 / 2. 开启世界史编纂的新时代 _ 119 / 3. “看世界”和救亡图存 _ 124

八、中国革命和中国马克思主义史学 _ 130

1. 中国马克思主义史学的产生 _ 130 / 2. 中国马克思主义史学的时代使命 _ 135 / 3. 中国马克思主义史学在斗争中发展 _ 142

九、中国马克思主义史学的繁荣发展 _ 149

1. 唯物史观指导地位的确立 _ 149 / 2. 马克思主义史学理论建设 _ 155
3. 改革开放和当代中国历史科学 _ 163

十、跟毛泽东同志学读史 _ 171

1. 毛泽东的马克思主义历史观 _ 171 / 2. 以史为鉴，古为今用 _ 177
3. 历史研究的科学方法 _ 182

十一、从“历史”到“世界史” _ 189

1. 生产力革命 _ 189 / 2. 交往革命 _ 194 / 3. “历史”何以成为“世界史” _ 199

十二、西方新史学和二战后史学新趋势 _ 205

1. 20 世纪欧洲和美国史学思潮 _ 205 / 2. 西方国家的马克思主义史学 _ 210 / 3. 历史学的界限变得越来越模糊了 _ 215

十三、全球史和民族历史记忆 _ 221

1. 全球性是当代史学的基本特征 _ 221 / 2. 全球化和全球史 _ 229 / 3. 民族历史记忆中的全球史 _ 235

结束语：铭记历史，开创未来 _ 240

前 言

一

“历史是一个民族、一个国家形成、发展及其盛衰兴亡的真实记录，是前人的‘百科全书’，即前人各种知识、经验和智慧的总汇。”① 党的十九大报告中指出：“经过长期努力，中国特色社会主义进入了新时代，这是我国发展新的历史方位。”在新的历史时期，面对深刻变化的国际环境，我们要更加重视学习历史知识，善于从中外历史上的成功失败、经验教训中进一步认识和把握历史发展和社会进步的规律，认识和把握时代发展大势，不断开创中国特色社会主义事业的新局面。浩瀚而宝贵的历史知识既是人类总结昨天的记录，又是人类把握今天、创造明天的向导。一部人类文明史就是人类不断在以往历史的基础上有所发现、有所发明、有所创造、有所前进的历史。中华民族历来就有治史、学史、用史的传统。中国共产党在领导革命、建设和改革的过程中，一贯重视对历史经验的借

---

① 习近平：《在中央党校2011年秋季学期开学典礼上的讲话》，2011年9月1日。

鉴和运用。在新形势下，我们要更加重视学习历史知识，更加注重用中国历史特别是中国革命史来教育党员干部和人民群众。不仅要学习中国历史，还要学习世界历史；不仅要有深远的历史眼光，而且要有宽广的世界眼光。

二

学习历史，要有一双“历史的慧眼”。什么是“历史的慧眼”呢？马克思主义的唯物史观就是历史的慧眼。马克思主义诞生前，唯心史观在社会历史领域占统治地位。那时，许多学者对社会历史问题进行过多方面的探索。18 世纪的意大利思想家、历史哲学家维科，19 世纪法国复辟时代的历史学家基佐、梯叶里、米涅，19 世纪初的空想社会主义者圣西门、傅立叶和德国古典哲学家黑格尔等，都力图揭开社会历史发展的秘密。但时代和阶级的局限，决定了他们无法完成这个历史性任务。1883 年 3 月 14 日马克思逝世后，恩格斯在其墓前发表的讲话曾深刻指出：“唯物史观和剩余价值学说是马克思一生中的两个伟大发现。正是这两个伟大发现，使社会主义从空想变成了科学。”马克思、恩格斯批判地继承了以往历史哲学发展的全部积极成果，终于使“过去在历史观和政治观方面占支配地位的那种混乱和随意性，被一种极其完整严密的科学理论所代替”。这种科学理论说明，随着生产力的发展，如何从一种社会生活结构中孕育出另一种更高级的结构的研究，终于揭开了“历史之谜”。

三

离开中国的特点来谈马克思主义，是抽象的、空洞的马克思主义。马克思主义必须和中国的具体特点相结合并通过一定的民族形式才能实现。因此，我们要以唯物史观为理论基础，与时俱进，并以其为核心构建中国马克思主义史学理论的新形态，使之坚实地扎根于中国历史与现实的基础上，获取具体的中华民族形式，从而成为我们学习和研究历史锐利的思想武器。

中国马克思主义史学理论新形态的主要内容，是在马克思主义唯物史观和历史辩证法的理论基础上展开的，包括历史认识的基本概念、唯物史观和历史辩证法的基本原理、中国传统史学和中外马克思主义史学的理论成就、研究历史的科学方法、外国史学理论和方法论中的有益内容，以及当代中国历史科学发展中的前沿问题等。上述内容，在这本书中都有深入浅出的具体阐述。具备了这些知识，就有了学习历史、认识历史、分析历史的“慧眼”。

无论是学习历史还是研究历史，认识要建立在对当代中国、当代世界复杂的现实问题的思考上。因此，要独立地对世界历史进行认识和思考，不能将自己的观点寄希望于在西方的概念体系中得到阐释，不能离开了西方的命名系统就寸步难行。在经济全球化的视阈下，不是要去适应强势文化国家的全球化模式，以及这一模式在史学领域中所体现出的种种规范，也不是要去抵制全球化时代的到来，拒绝西方史学理论与方法中的积极内容，而是要主动地、自觉地、理所当然地积极参加到在全球化背景下建构新史学的理论体系和话语系统中去。它首先应该实现的是当代中国历史学家，同时也是整个中华民族的价值目标。本书在这方面也进行了有益的探索。

一、什么是历史

什么是历史？这是学习历史之前必须要了解的。那么，什么是历史呢？历史不过是追求着自己目的的人的活动。历史不是“神”的启示而是人的启示。如果说“历史就是过去发生的事情”，这只回答了其中的一部分含义，因为在实际生活中，“历史”通常包括三个方面的内容：其一，历史是人类社会客观的历史过程；其二，历史是人们历史认识的成果；其三，历史指历史学或历史科学。

1. 自然史和人类史

自然，也称“大自然”，引申为宇宙万物。因此，自然史的内容十分宽泛，可以说包括了人类史之外的宇宙万物的历史，除天体外，地球上一切生物和非生物构成的生态系统的历史也都包括在内，如天文、地理、地质、地貌、海洋、江河、气候、物种等的历史。近代以来，人们在地球史、气候史、植物史、动物史和矿物史研究等方面都取得了令人瞩目的成就。

在浩瀚的宇宙中，地球是太阳系八大行星之一，远在46亿年以前起源于原始太阳星云。地球上71%为海洋，29%为陆地，这个呈蓝色的星球，是上百万种生物的共同家园，人类只是其中之一。人类究竟起源于何时？历来争论很多，至今仍然是一个歧见颇多的问题。但是，随着社会的发展、科学的进步，人们对这一问题的认识也在不断深化。考古学研究的新成果表明，人类诞生已经有600多万年了。

自从有了人类，就有了人类史。人类史是人类社会发展的历史，可以分为“史前史”和“文明史”两部分。史前史是从人类诞生，到有确切历史记载之前的历史。这段历史，主要存在于考古发现之中，而非典籍文献之中。文明史则是人类有确切记载以来的历史，即人类结束“史前”，走向文明，直至发展到今天的人类历史。与地球的历史相比，人类的历史是很短暂的。人类最早的古代文明，如两河流域的苏美尔文明和埃及文明的诞生，出现在公元前3500年左右。人类文明史存在的形式除典籍文献之外，还存在遗址、遗存、铭器、典章制度、社会风俗等诸多的形式。

自然史与人类史是统一的，是同一个过程的两个方面。因此马克思和恩格斯说：“我们仅仅知道一门唯一的科学，即历史科学。历史可以从两个方面来考察，可以把它划分为自然史和人类史。但这两方面是密切相联的；只要有人存在，自然史和人类史就彼此相互制约。”① 这不仅强调了任何一门科学都不能不研究某一特定对象的历史发展过程，阐明了历史丰富的具体的内容，而且也揭示了自然史

①《马克思恩格斯全集》第3卷，人民出版社1960年，第20页注。

和人类史的辩证关系。他们还强调："我们所需要研究的是人类史，因为几乎整个意识形态不是曲解人类史，也是完全撇开人类史。"[①]因此，"历史"的一般意义，通常是指人类史，即以人类的历史为研究对象。

无论是自然史还是人类史，都是不以人的意志为转移的客观存在，在"过去""现实"和"未来"的时间长河中，同属"过去"。此外，都有一去不返的"一过"性质，即在任何条件下，或任何环境中，都不可能再生或重演。这是自然史和人类史共有的属性。正是在这个意义上，两者可以相提并论。无论是自然界还是人类社会，对立的统一和斗争，决定了它们都处于不断的运动变化和发展之中。自然界或人类社会的各种事物和现象，都不是孤立存在的。自然史和人类史都是客观物质世界的历史，存在于物质世界之中，不是所谓"精神"的产物。

但是，也必须看到自然史和人类史两者之间的明显差别。社会发展史和自然发展史在某些方面，是"根本不相同的"[②]，特别是在各自领域历史矛盾运动的变化形态和规律性方面，更是如此。两者不可截然对立，也不可相互混淆。

一是自然界的变化有其自身的规律。与人类社会历史的发展相比，自然界历史演变显得十分缓慢，以至在短时期内无法为人们所察觉。法国年鉴派历史学家布罗代尔的代表作是《菲利普二世时代的地中海和地中海世界》，他以地中海为例，用大量的篇幅讨论了地

---

① 《马克思恩格斯全集》第3卷，人民出版社1960年，第20页。

② 《马克思恩格斯选集》第4卷，人民出版社1995年，第247页。

中海地区的自然地理状况，包括半岛、岛屿、山脉、高原、平原、近海、远洋、季节、气候等，通过“地中海史”的研究，表明自然史是“一种几乎静止的历史”，“是一种缓慢流逝、缓慢演变、经常出现反复和不断重新开始的周期性历史”。[①]了解或研究自然史的时间单位，往往不是人类社会一般的历法时间，而有其独特的历史时间概念。

二是自然是没有意识的存在。自然史指自然界过去自发地发生的一切，而不是由人类创造的。自然界中这样或那样的规律，全是不自觉的、无意识的、彼此作用的结果，没有任何自觉的目的或诉求。而人类史，是人类发展过程的历史，是人们自己创造的。人类史首先是生产发展史，随着生产力以及生产关系的发展，历史愈益成为全世界的历史[②]。物质资料的生产是社会生活的基础。人类社会的发展可理解为是服从于一定规律的自然历史过程。迄今有文字记载的人类社会的历史，都是阶级斗争的历史。这是因为阶级社会中的生产力和生产关系、经济基础和上层建筑等普通矛盾，往往表现出阶级和阶级矛盾的内容，阶级斗争将是长期存在的。这表明，与自然史相比较，人类社会历史的矛盾运动就显得更加复杂。在社会历史领域进行活动的人，有意识地追求某种目的的人，他们所从事的活动都有自觉的意图和既定的目标。

自然史和人类史同样是有规律的，但是，对于人类的历史，必须研究社会发展，理清客观过程中各种复杂的内在联系，才能得到

---

① 布罗代尔：《菲利普二世时代的地中海和地中海世界》第1卷，商务印书馆1996年，第3页。

② 见《共产党宣言》1988年英文版序言中有关内容。

对历史发展的规律性认识。这比研究自然史中矛盾运动的规律无疑要更加困难、更加复杂。

自然史和人类史除了有共性，有各自的特殊性之外，它们还密切相联、相互制约。人与自然的统一，决定了人类史与自然史的统一。在马克思看来，人并不是超自然的存在，不是纯精神性的产物，恰恰相反，其生存的根基就在自然界之中。人与自然界中的其他生命个体一样，要依靠自然提供的资源才能生活，"自然界，就它自身不是人的身体而言，是人的无机的身体。人靠自然界生活。这就是说，自然界是人为了不致死亡而必须与之处于持续不断的交互作用过程的、人的身体"。[①]不但如此，人的精神世界也离不开自然界。植物、动物、山脉、河川、空气、阳光等等，既是自然科学的对象，也是艺术的对象，是人的意识的一部分。在这个意义上，人也是自然的产物。

人与自然相互包含，人与自然互为对象，这决定了自然史与人类史"密切相联，相互制约"的辩证关系。例如，在《菲利普二世时代的地中海和地中海世界》中，布罗代尔首先以大量篇幅讨论了地中海地区自然地理状况的自然史，进而在此基础上，讨论了该地区的经济社会状况和文化生活，如城镇、乡村、水陆交通、商业贸易、内外交往，以及各地的物产、民众生活、文化教育等，最后才涉及16世纪后期该地区的政治史。

根据上述内容，布罗代尔将历史"分解为几个不同的层面，分解为几个不同的历史时间，即地理时间、社会时间和个人时间，借

---

①《马克思恩格斯全集》第3卷，人民出版社2002年，第272页。

此抓住过去所有不同的、彼此之间有最大差别的节奏，提出它们共存、互扰、矛盾以及多种深广丰富的内容，力求找出具有规律性的事物。通过这种方法，作者在广泛运用历史学、地理学、社会学、政治学、民族学和经济学等多学科研究方法的基础上，把平凡的日常生活与伟大的历史潮流，把微观与宏观有机地结合起来，立体再现了所述时代地中海及相关地区人类的全貌，揭示了它的命运……”[①]。这样的历史叙述，被人们认为开辟了新的视野，具有革命的性质。《菲利普二世时代的地中海和地中海世界》也被视为“里程碑式的著作”。

布罗代尔之所以取得这样的成绩，重要原因之一就是他能正确理解并在实证研究的基础上，揭示自然史和人类史彼此之间密切相联、相互制约的关系。尽管这种辩证关系是客观存在的，马克思主义经典作家在 180 多年前即已有精辟论述，但是长期以来却多被忽略，直至第二次世界大战后才有所改变。战后，国际史坛的重大变化之一就是历史认识的视野急剧扩大，自然史的内容开始成为越来越多学者的选题。近年，随着人与自然的关系愈加密切，“自然史—人类史”结合在一起的“大历史”研究，也开始引起人们的广泛关注。

2. 客观发生的历史

客观发生的历史，是指已经发生了的客观存在的历史，其基本特征是客观存在、不以人的意志为转移，即任何人对其承认与否，

---

① 布罗代尔：《菲利普二世时代的地中海和地中海世界》第 1 卷，商务印书馆 1996 年，第 4 页。

或做如何解释、如何评价，都不可改变它的客观存在。确确实实已经发生了的“客观性”，是其基本的属性。在现代的历史认识范畴内，作为“客观发生的历史”，往往是与“史家编纂的历史”相对而言，或者说，两者互为依存。那些没有为史家所编纂的历史是大量存在的，这些历史，无论是历史过程、历史现象，还是具体的历史事件，都是已经客观发生的历史，而纳入史家视野，成为“史家编纂的历史”仅是其中极少的一部分。

例如，历史文献关于公元前221年的记载，主要有这样四件事情：在中国，秦兵入临淄，俘齐王田建，齐亡，秦统一中国，秦王嬴政更号为皇帝；在叙利亚，与埃及的第四次叙利亚战争开始，叙利亚先获胜后最终失利，在沿海仅保存塞流西港；在马其顿，王安提哥纳斯三世死，子腓力五世嗣位；在埃及，王托勒密四世即位。这样，人们自然会提出这样的问题：在公元前221年，除去中国、叙利亚、马其顿和埃及之外，是否其他的国家或地区，就没有发生其他的事情了呢？或者说，在这四个国家，值得为史家记载并为史家所编纂的历史，仅仅就是上述四件事吗？

答案是否定的，事实显然不是这样。公元前221年，世界上发生的事情，即使再扩大记载有40件、400件，或4000件，所记载的与客观发生的历史事实相比，也只是九牛一毛，微乎其微。上述四件事情，与公元前221年中国和叙利亚等四国所发生的政治、经济、军事、文化等方面的众多事情相比，也不过是沧海一粟。总之，在世界上任何一个国家和地区，为史学家所记载、编纂的历史，与已客观发生的历史相比，都只是极少数。公元前221年以后的历史，无论中外，都是此时之后的历史的延伸。公元前221年后无数生动丰富的历史内容，不可能只与这四件事有关，只不过有些至今还没有被人们认识到而已，但是它们都是确确实实的客观存在。

历史不外乎是各个世代的依次交替。每一代人都必然要依靠前一代人留给他们的物质的和精神的财富去谋求生存和发展，所以不能割断历史，也不可能割断历史。在人类历史发展的长河中，历史是发展着的充满矛盾的运动，世界各个国家和民族共同创造着历史，推动着人类历史前进。在这个漫长的进程中，每天每时每刻都有无数的事情发生。今天发生的事情，就是明天的历史。而这无数的事情之中，由于这样或那样的原因，只有极少数纳入史家的视野，在史家的笔下成为“史家编纂的历史”，而其他当时发生的“无数的事情”则作为“客观发生的历史”，默默无闻地淹没在历史的长河中。由此，人们就可以这样理解：所谓“客观发生的历史”，更多的是整体上从理论的推理上去理解的客观存在。历史的长河世世代代奔流不息，历史不会停滞，也不可能被割裂。历史的连续性决定了历史的客观存在性。

我们无论是从历史文献中，还是从研究性的历史著作中所见到的历史，都已经是史家编纂的历史，而不再是单纯的、没有进入史家视野的“客观发生的历史”。古今中外，任何史家的历史认识都是一个相对的过程。以公元前221年中国、叙利亚、马其顿和埃及所发生的四件事为例，是否可以说，历史文献对这四件事的记载完整无误，或者可以说，史家对这四件事的历史编纂无懈可击，已经十全十美，穷极历史的真理？显然不是这样。在我们已知的关于这四件史实的记录之外，还有与之相关的无数客观发生的史事。随着科学的进步，以及相关研究的深入发展，还会有这样或那样的史事为人们所发现，成为史家所编纂的历史内容。所以说，只要是客观发生过的历史，就有可能在一定的条件下为史家所认识和了解，成为史家所编纂的历史。

没有为史家编纂的“客观发生的历史”，其隐性特征并不是绝对的。如一些日记、书信、舆图、图录等历代珍贵的历史遗存，即使没有被史家所发现，也是在无声地诉说着历史，而对其进行整理和研究，则可使其表现出科学的史料价值。考古学家的发掘，使得大量新的文物、文献出土，为人们现实的历史研究提供了新的认识。例如，2000多年前，建造秦始皇陵时，曾经建造了大量的兵马俑埋在皇陵东面的地下，长年不为人所知，直至20世纪70年代考古发掘后，兵马俑才大放异彩，在1987年被列入世界文化遗产保护名录。更重要的是，秦兵马俑具有重要的历史价值和科学价值。其不仅显示了我国古代雕塑家高超的雕塑艺术，而且同时出土的大量金属兵器，有青铜剑、戈、矛、戟、铍、弩、箭、镞等数万件，制作精良，说明在2000多年前，我国冶金制造技术已具相当高的水平。此外，7000多件陶制车马和人俑组成的地下军阵，反映了我国春秋战国时代特别是秦代社会的政治经济状况，以及军队的编制状况。所有这些，都有力地推动了我国秦汉史研究。秦兵马俑发掘及相关的研究成果，补充、丰富了“史家编纂的历史”，为中国古代史研究的进一步深化，创造了不可替代的条件。

历史认识的相对性，并不否定任何一种历史形态的客观性。在西方，有一种观点认为，过去发生的历史不是客观的历史存在。所谓历史，不过是神的旨意的体现，而“神意”属于精神世界的范畴，因而没有什么客观性可言。还有一种观点认为，历史事实存在于人们的头脑中，人人都是自己的历史学家。任何历史事实，只有当它们生动地再现于人们的头脑时，它们才变成历史事实。总之，历史取决于人的自我感受和自我理解，而不是不以人的意志为转移的客观实在。我们以秦兵马俑为例，就可以看到这些观点的荒谬性。难道在20世纪70年代之前，秦兵马俑就不存在了吗？秦兵马俑没有被发现，不等于它就不是始于秦王朝的客观存在，即使在21世纪的今天，秦兵马俑仍没有被发现，那它也是客观存在。所不同的是，它仍然是“客观发生的历史”，而不是“史家编纂的历史”。不难看出，上述西方史家的那些观点都是站在历史唯心主义的立场上，否定历史的客观性，否认历史生成并存在于客观的物质世界，因此都是错误的。

3. 史家编纂的历史

史家编纂的历史和客观发生的历史，是性质不同的两个概念。冯友兰对此曾经做过这样的说明：“历史有两义：一是指事情之自身。……历史之又有一义，乃是指事情之纪述；如说《通鉴》《史记》是历史，即依此义。”[①] 这里的《通鉴》和《史记》，即是史家编纂的历史。正确区别历史的两层含义，分清史家编纂的历史和“事情之自身”，即客观发生的历史的区别，对于正确理解什么是历史无疑有重要的意义。

史家编纂历史时，主要凭借的是历代遗留下来的各种史料。史料是人类历史进程中遗留下来的痕迹，既包括“行为的痕迹”，也包括“思想的痕迹”，主要是以下形式：其一，文字的记录，包括历史文献、历代典籍、档案文书等；其二，史迹遗存，包括遗址、

---

① 冯友兰：《中国哲学史》，华东师范大学出版社2000年，第16—18页。

墓葬、遗物等；其三，口碑资料，主要是口述传说，以及文字的记录、史迹遗存之外的其他形式的历史记忆。在上述三类史料中，文字记录的史料是史家编纂历史时经常使用的。文字史料大多经过整理考证，不仅数量大，浩如烟海，而且相对其他史料更系统，更完整。例如，一部《二十四史》，计3249卷，约有4000万字，其历史记述始于远古传说中的黄帝，止于明崇祯十七年（1644），长达4000年之久。这部皇皇《二十四史》表明，中华民族悠久的历史绵延不绝，从来不曾断裂。《二十四史》是官修正史，除正史外，重要的历史文字资料还有政府的文书档案，其他个人著述，形式不一的地方志、舆图、佛典、道书、谱牒、契约、碑铭、墓志铭、信札、日记、回忆录、账簿、年报，以及报章杂志、传单广告，等等，所有这些，都蕴含有丰富的历史信息，是史家编纂历史的重要历史文献资料。

史家编纂历史，离不开文字记录的史料，而这些史料生成的前提，首先是文字的出现，因为只有有了文字之后，人类才有可能用文字记述自己的历史，使其长远地保存、流传下去。美国著名人类学家摩尔根在其名著《古代社会》中提出，文明社会始于标音字母的发明和文字的使用，这一观点后得到了恩格斯的认同。公元前4000年左右，埃及出现了象形文字，那时流传下来的《死者之书》和《能言善辩的农夫》等，成为了解古代埃及历史的重要文献。

汉字是世界最古老的文字之一，它的早期形式是甲骨文。一般认为，殷商时代的甲骨文是最古老的文字，迄今为止，已经发现有3000个以上。也有研究者提出不同的意见，认为，在甲骨文时代，中国的文字至少已经经过了两三千年的发展，汉字起源的年代，可以西安半坡村遗址距今的年代为指标，有6000年左右。《尚书》是我国最早的历史记录。其主要内容是文书档案，更多的是历史文献的汇集，但也记载史事，如《汤誓》是商汤伐夏桀的临战誓词，生动记载了商汤伐夏桀的史实。《尚书》中的《虞夏书》被《左传》《墨子》等广泛引用，堪称是夏代的典籍。所有这些，对中国古代史研究都有重要的意义。

史家编纂历史，离不开史料，而史料产生的前提，除文字之外，还离不开历法。任何历史活动都是在一定的时间和空间实现的，只有产生了历法之后，才可能有准确的历史时间概念。历史文献的记载和历史认识的叙述，都离不开时间因素。历史叙述的特点，决定了历法对史家编纂历史的重要性和必要性。在我国，一般认为历法的出现在夏代以前，因为从《礼记》中的《夏小正》来看，“夏历”已经是较完整的历法。这样，至迟在夏代，在我国形成文字历史记录的条件即已成熟了。“史学起源于历史记录……”“种种历史的记录，都是很丰富、很重要的史料……。但是他们无论怎样重要，只能说是历史的记录，是研究历史必要的材料，不能说他们就是历史。”[①] 这毫无疑问是完全正确的，但是，史家编纂历史却又离不开历史记录，脱离历史记录中客观的历史内容去编纂历史，那这种历史编纂便成为无源之水，无本之木。

如果说客观发生的历史是指不以人的意志为转移的客观存在的历史，客观性是其基本的属性，那么，史家编纂的历史则是史家根据自己对史料的理解而描述出来的历史，它的基本属性不再是客观性，而是体现史家自己的认识与意志的“主体性”。这是因为，任何

---

①《李大钊史学论集》，河北人民出版社 1984 年，第 197—198 页。

史料都难以准确、完整地反映出客观的历史。客观的历史事件或历史过程成为史料时，史料的记载者不可避免地会将自己的立场和感情渗透到史料中，使其带有整理者的主观性，任何史料都不可能完全客观地反映历史的真实面貌。

史家在编纂历史、选择并使用史料时，和客观发生的历史成为史料的过程一样，在如何选择史料、如何理解史料、如何使用史料等问题上，同样会渗透史家自己的立场和感情，而不是绝对客观地超然于社会意识之外。因为在阶级社会中，人从来不是抽象的个人，人客观存在的社会属性不可抹杀。在历史著述中，对同一历史事件或历史过程，不同的史家往往会有不同的描述，甚至会有截然对立的历史价值判断，这在古今中外的历史著述中并不少见。

例如，1937 年日本挑起“七七事变”，悍然发动全面侵华战争，在东方点燃了第二次世界大战的战火。中华民族全国抗战，开辟了世界反法西斯战争的东方主战场。对于这样一个基本事实，在西方和世界都颇有影响的《新编剑桥世界近代史》却这样写道：“1937 年 7 月 7 日，日本和中国的军队在华北的卢沟桥附近发生了战斗。地方谈判宣告失败，这个事件与 1931 年 9 月在沈阳发生的事件不同，看来不是任何一方策划的，但它逐渐升级，直到两国深深陷入全面战争。这场战争直到日本在美国原子弹的轰炸下于 1945 年 8 月投降才告结束。”①短短几行话，却颠倒黑白，谎言连篇：“七七事变”与“九一八事变”果真有什么不同吗？“七七事变”难道不是日本精心策划的侵华战争吗？“两国深深陷入全面战争”，难道没有侵略国

①C.L. 莫瓦特编：《新编剑桥世界近代史》第 12 卷，中国社会科学出版社 1999 年，第 936 页。

和被侵略国的原则区分吗？中华民族浴血奋战，做出重大的民族牺牲，取得了抗日战争的胜利，怎么变成了因“美国原子弹的轰炸”才使日本投降呢？似乎中华民族抗日战争胜利的原因是“美国原子弹的轰炸”。显然，任何史家编纂的历史，都是渗透着史家自身立场、观念和感情的历史，历史学家是社会的产物，印有一定的阶级烙印，不存在所谓“客观主义”。在这个意义上，可以说一切史家编纂出的历史，都已不是纯粹客观的历史了。

4. 历史学和历史观

历史学有广义和狭义之分。广义的历史学，是关于一切事物历史发展过程的学问，它包括了自然史和人类史的全部内容。狭义的历史学，是关于人类过往社会的客观存在及其发展过程的学问。史学家通过探究这种客观存在及其发展过程，还有其规律，形成研究成果并主要以文字的形式展现出来。我们通常说的历史学，就是这种狭义的历史学。

无论是中国还是外国，史学都有一个从萌生到形成的较为完备的学科发展的过程。历史学的悠久历史，可追溯到原始社会。那时还没有产生文字，多是通过结绳、绘画或刻木，来记述自己的历史，这些在中外的史书中都有记载。在社会生活和生产实践中，用结绳、绘画、刻木记事逐渐被用象形文字记事所取代。象形文字的出现，预示着史学的萌生和发展。原始社会诸多古老的传说和神话，已经包含了历史学的因素。

在奴隶社会，文字和历法的出现，为历史学的产生开辟了现实的道路。巫师是最早从事历史记述工作的人，他们为后人留下了最早的历史记录。在中国，殷墟出土的甲骨文中有一片是“壬子卜，贞王田于斿，往来亡灾。兹御。获鹿十二”。在这里，“斿”同“游”，意思是说：王欲出游狩猎，于壬子日请贞人测知神意，得知无祸，去后果然获鹿十二。在埃及，神庙大殿的圆柱以及象牙板、摩石板岩上，也都有原始文字的记载，记下重要的经济或军事活动。除中国和埃及外，苏美尔、阿卡德、亚述等文明古国，都有类似的古老记载。

在中国古代，史学大体经历了从史官、史书、史事到史学的发展过程。史官最早出现在殷朝，那时没有私人记载历史，只有史官记载史事。殷朝有史官记载史事，编纂历史，便揭开了中国史学发展的序幕。殷朝的史官有时称作“史”或“作册”，有时又称为“作册内史”或“内史”，他们的长官被称为“尹”。“史”这个字最初是象形字，在甲骨文中，“史”字为，东汉人许慎在《说文解字》中的解释是：“记事者也，从又持中。中，正也。”这里的“中”由“册”演变而来，是“简册”“簿书”的意思。也有学者认为“中”即是“笔”。现在通常理解，所谓“史”，即是人用右手持简册、簿书，或手持笔记事。总之，“史”是对往事的记录。

在史官之前，史前时期的“黄帝战蚩尤”“女娲补天”和“大禹治水”等历史神话传说，已经口头流传开来。除夏、商、周历史文献汇编的《尚书》外，孔子根据鲁国史官的记事作《春秋》，记述了上自鲁隐公元年（前722），下迄鲁哀公十四年（前481）的历史活动，这是我国第一部系统的编年史。西汉史官司马迁撰写《史记》130篇，自传说中的黄帝至汉武帝止，内容是十二本纪叙帝王、十表系时事、八书详制度、三十世家记诸侯、七十列传志人物，涉及政治、经济、军事、文化、科技、民族、民俗和宗教等诸多领域。《史记》不仅能做到“网罗天下放失旧闻，考之行事”，而且还表现出“究天人之际，通古今之变，成一家之言”的进步历史旨趣。鲁迅先生赞誉《史记》是“史家之绝唱，无韵之离骚”，司马迁也被尊称为中国的“史界太祖”。

古代希腊的史学，被认为是西方史学的源头。西方历史学自萌生时即与中国史学有许多相似之处，如求真求实、经世致用的精神以及作为教化的工具等。“历史”一词，英语为History，法语为Histoire，二者同出于希腊语Histria，其本意是“征问”“问而知之”。一般认为，公元前5世纪问世的《历史》(又称《希腊波斯战争史》)，是西方史学创立的标志，其作者希罗多德也因此赢得了西方“史学之父”的美名。修昔底德是希罗多德之后，又一著名的史学家，他的代表作《伯罗奔尼撒战争史》，更重视历史的批判精神和对史料的鉴别，对西方史学的发展产生了深远的影响。

历史学离不开历史观，而历史观是意识形态的内容之一，因此，历史学属于意识形态范畴。古今中外的历史学，都不是抽象的“学术现象”。历史学来源于社会，自然要自觉回答社会发展过程中提出的问题。总结历史经验，给人们生动的历史启迪或历史教训，鉴往知来，这是历史学的重要功能。恩格斯曾说：“我们根本没有想到要怀疑或轻视‘历史的启示’，历史就是我们的一切，我们比任何一个哲学学派，甚至比黑格尔都更重视历史。”[①] 历史不能割裂，每一代人都是在前人认识世界改造世界的基础上，创造着新的历史，推动历史不断前进。历史学不仅使我们了解历史，而且使我们自觉地

① 《马克思恩格斯全集》第1卷，人民出版社1995年，第650页。

把握现实，清醒地认清未来。

要做到科学地总结历史经验，不能脱离真实的历史过程。因此，历史学的基本任务，是从宏观和微观的结合上，实事求是地描绘历史过程的真实情景，在某种意义上，这是一种“考实性”的研究。历史研究对象的特点，决定了任何一个史学家都不可能“纯客观”地认识和描述历史，但却可以在科学的史学理论方法论的指导下，使自己的研究越来越接近客观的历史真理，而不是南辕北辙，越来越背离客观的历史真理。只有建立在科学地阐述人类历史进程的基础上，才有可能正确地总结历史经验，进而认识人类历史矛盾运动的客观规律，特别是认识历史表象背后所蕴含的历史真理，以及历史发展的规律性内容。

在现实生活中，人们谈论历史学的时候不能离开这样或那样的历史观。因为历史学从来就不是脱离社会实际生活的空洞的学问，所以历史观又称“社会历史观”。历史观或社会历史观，是指人们对历史的基本观点，对历史的根本看法，是关于历史观念的体系。不言而喻，历史观是历史学的根基和灵魂。每一个历史学家都有自己的历史观。不同时代、不同信仰的历史学家，因对历史发展的基本问题有不同的回答，所以形成了不同的历史观。

历史观是世界观的重要组成部分，它与世界观相互影响、相互制约。历史观的基本问题，是社会存在与社会意识的关系问题，这是哲学基本问题在历史领域的延伸。由于对历史观基本问题的不同认识，形成了两种根本对立的历史观：唯物主义历史观和唯心主义历史观。凡是认为一切社会变迁和政治变革的终极原因，不应当在人们的头脑中，而应当在各时代的经济条件中去寻找，强调社会经济生产或生活物质条件决定历史的观点，统称“唯物史观”；那种承认“精神”“理念”或“意识”决定历史，强调人们对历史的观念是“天赋”的观点，统称“唯心史观”。在历史学习或研究中，自觉抵制和清除唯心史观的消极影响，旗帜鲜明地坚持唯物史观的理论指导，这是摆在我们面前的现实任务。

5. 历史研究是一切社会科学的基础

2015年8月，第22届国际历史科学大会在山东济南举行。国家主席习近平在致大会的贺信中写道：历史研究是一切社会科学的基础，承担着“究天人之际，通古今之变”的使命。重视历史、研究历史、借鉴历史，可以给人类带来很多了解昨天、把握今天、开创明天的智慧。习主席的精辟论述，使我们在新的历史条件下，对历史和历史科学的本质和现代意义，有了更深刻的理解。

历史学从远古萌生时起，就和人类的活动紧密地联系在一起，和其他各个学科相比，其历史也就更加古老久远。早在文字产生之前，古老的神话传说和诗歌中，就已经包含了重要的历史信息，生动地描述了原始民族的历史活动，承载着先人的历史记忆。神话传说自然不是历史实事，但却反映出古老的历史意识，这是不争的事实。

不仅人类的存在是一种历史的存在，而且宇宙万物的存在也都是历史的存在。在人类生活中，经济学、政治学、教育学、社会学、文学、哲学、宗教学、民族学、法学等任何一门社会科学学科的形成和发展，都建立在历史与现实的基础之上。研究一个学科的内涵，首先要研究的是这个学科历史发展的过程，因此在某种意义上可以说，一切哲学社会科学的存在形式，首先是历史过程的存在，否则它就变成了“空中楼阁”。任何一门哲学社会科学学科，都有自己的学术发展历史，没有学术史的学科，则是无水之源或无本之木的“学科”，自然也就不是什么科学学科了。马克思主义经典作家从唯物史观基本原理出发，强调“我们仅仅知道一门唯一的科学，即历史科学”，在这里，历史科学是指一切科学。因为任何事物都是物质的运动形态或物质运动的反映，自然和社会是不断发展变化着的，它们都有自己的历史过程。

今天现实的世界，是从世界的历史发展而来的，现实生活中遇到的很多事情，都可以在历史上找到影子。历史是人类智慧的大海，人类文明的全部创造，从物质到精神无不沉淀于历史之中。历史是“昨天”，虽然已经逝去了，但即使是遥远的远古的历史，也不会消失得无影无踪，而是直接或间接地，以不同的形式传递到今天、影响到今天。历史是过去的现实，现实是未来的历史，鉴往可以察来。总之，这正如李大钊所言：“无限的过去都以现在为归宿。无限的未来都是以现在为渊源。”[①] 历史—现实—未来，是相互依存、互为因果、相互渗透的统一整体，而且这种“依存”“因果”和“渗透”，表现为一种内在的规律性的联系，而非外在的偶然性联系。

社会科学的各个学科，都是以社会现象为研究对象的科学，虽然研究的视角不同，研究的具体内容不同，研究的方法也不尽相同，但是，各个社会科学学科的基本任务，却都是研究并阐述各种社会现象及其发展规律。社会科学研究的对象主要是人自身的行为、人与人之间的关系、人与其生存环境之间的关系等。总之，社会科

① 《李大钊选集》，人民出版社 1959 年，第 94 页。

学是研究人类的行为的科学，而要研究人类的行为，自然就不能脱离人类的历史，不能割断人类历史发展的内在联系。

历史学是一门古老的、高度综合性的学科，又是一门常青的、不断扩大其认识视野的学科。之所以具有“高度综合性”，是因为历史不是探究和描述某一种特定的对象，而是探究和描述整个社会历史进程。至于是“常青”的学科，是因为新时代需要新历史，时代的发展要求重新研究历史。随着社会的进步，科学的发展，历史研究历久而弥新，它与社会科学各学科的联系越来越密切，人类学、社会学、经济学、政治学、法学、人口学、心理学，以及一些自然科学的方法和原则，都可广泛融入历史研究中去。第二次世界大战后历史研究的实践表明，历史学的界限确实变得越来越模糊了。这样，我们就更不难理解，“历史研究是一切社会科学的基础”。

“历史研究是一切社会科学的基础”，深刻阐明了历史科学的重要性，这在当前更有重要的理论意义和现实意义。习近平总书记说：“历史是最好的教科书。”① 因此，要纵深地学习历史，学习中华民族五千多年的悠久文明史，充分认识中国特色社会主义与“大同社会”深厚的历史渊源。要有重点地学习，学习近代以来中华民族的苦难史、奋斗史、革命史，充分认识中国人民选择马克思主义的历史必然性；学习社会主义建设史和改革开放史，进一步坚定中国特色社会主义的道路自信、理论自信、制度自信、文化自信。要全面地学习，既学习历史经验，也学习历史教训，客观看待党和国家的历史挫折，既不盲目自大，也不妄自菲薄；既学习本党、本国的

---

① 习近平：《在纪念全民族抗战爆发七十七周年仪式上的讲话》。

历史，也了解其他党、其他国家的历史，通过全面客观的对比，进一步发现自身的优越性。

为使历史研究真正成为一切社会科学的基础，更充分地实现其科学认识功能和社会功能，我们在历史研究中，要自觉坚持辩证唯物主义和历史唯物主义的立场、观点、方法；要在科学性和革命性高度统一的基础上，不断加深对人类历史矛盾运动的规律性认识；要始终坚持从事实出发，而不是从概念出发去探究人类的历史；要关注现实，服务大局，自觉弘扬理论联系实际的马克思主义学风，努力做到历史感与现实感的统一，使历史研究体现出鲜明的时代精神。

二、唯物史观：唯一的科学历史观

马克思主义的唯物史观，是人类科学思想的重大成果之一，它的产生，宣告了以往在社会历史领域占统治地位的唯心史观彻底结束，并为历史学成为一门真正的科学奠定了坚实的理论基础。任何一种理论和社会思潮，都是当时社会经济、政治发展的产物。19世纪中叶，唯物史观的产生是时代呼唤的产物。唯物史观是马克思运用辩证唯物主义研究人类社会历史的伟大发现。唯物史观是唯一的科学历史观，必须在它的指导下重新研究全部历史。

1. 唯物史观产生以前的历史观

历史观是人们对社会历史的根本观点和总的看法，其基本问题是社会存在决定社会意识，还是社会意识决定社会存在。对这个问题的不同回答，是划分唯物史观和唯心史观的唯一标准。马克思主义学说产生以前的历史观，虽然对人类社会的记载和描述做出了贡献，但是，它们都否认社会存在决定社会意识，总是将人们的思想动机当作社会历史的最终决定力量，所以都属于唯心史观的范畴。

在人类历史漫长的长河中，古代史学的历史观，主要是天命论和宗教神学的历史观。人类最初的历史观，是用神灵的意志来解释历史过程的神学历史观。

在原始社会，由于生产力极端低下，原始人既受强大的自然力的支配，也受其周围的社会关系的摆布，他们只有在氏族关系的圈子内才能生存，他们无法正确理解自然和社会生活现象，用一种超自然、超历史的力量，用万物有灵论，来解释社会生活现象，这就是神学历史观最初的萌芽。进入奴隶社会后，虽然人类提高了和自然斗争的能力，但奴隶仍无法找到自身苦难的根源和摆脱这种苦难的途径，只能把未来寄希望于幻想中的神灵和天堂。此外，奴隶主阶级为维护自己的利益，竭力把其统治涂上神圣的光环，宣扬“君权神授”“社会和人的命运被超自然的力量所主宰”，致使“天命史观”“英雄史观”和“神权史观”在古代社会十分盛行。

公元1世纪基督教产生后，欧洲出现了基督教神学历史观。初期的基督教反映了被压迫被剥削者要求摆脱苦难的愿望和对奴隶制的不满，后来基督教逐渐演变成了奴隶主的工具。主教奥古斯丁为了挽救垂死的奴隶制社会，用14年时间写成了他一生中最主要的著作《上帝之城》。此书左右了整个中世纪的政治发展。全书共22卷，前10卷为基督教做有力的辩护，后12卷论地上之城及天上之城的源起和发展。他认为地上之城因不自爱、藐视上帝终必衰弱，上帝之城则以神爱为本必然兴旺长存。他在书中系统地阐述了基督教教义和神学历史观，如：“预定论”——一切是上帝预先决定了的；“原罪说”——由于亚当的犯罪造成人类与生俱来的罪性，人类就注定了要永远受罚，只有少数上帝中意的人才能得救。到了中世纪，这种神学历史观，就变成了独占统治地位的意识形态。在宗教神学的统治下，史学变成了神学的一个“卑贱的女侍”。

欧洲中世纪对史学的禁锢，使其发展十分缓慢，而此时中国的封建主义史学却取得了长足的发展。司马迁、班固、刘知几、杜佑、司马光、郑樵、马端临、章学诚等和他们的历史学著述，不仅使中国传统史学发扬光大，而且对世界文明的发展做出了积极的贡献。但是，就历史观来讲，因时代的局限，占统治地位的主要是循环史观、天命史观和英雄史观等。循环史观认为，在人类历史发展过程中，经过一定的历史阶段后，会按照相同或相似的历史过程重演，循环往复以至无穷。战国末年，邹衍较系统地提出了这个理论，汉代董仲舒将这个理论进行改造，系统地提出“三统”“三正”的历史观。董仲舒认为，历史是“黑统”“白统”“赤统”三者无限循环的过程，这使循环史观成为中国封建社会重要的历史观之一。天命史观强调宇宙万物的存在或运行，都是天的旨意。而“天者，万物之祖，万物非天不生”。[①]中国历代封建帝王改朝换代时，统治阶级都是通过“天意”证明自己统治的合法性。人世间的福祸、祥瑞、灾异等，也都是天意的体现，而人民大众只是被动的接受者。英雄史观，是天命史观的又一表现形式，由天命决定的历史兴盛衰亡，离不开圣人的活动，“英雄创造了历史”，英雄的存在和英雄的行为，都是天命的体现。《中庸》中写道：“文武之政，布在方策。其人存，则其政举；其人亡，则其政息。人道敏政，地道敏树。夫政也者，蒲卢也。故为政在人。”这段话的意思是说，周文王、周武王的政治措施，

① 出自董仲舒：《春秋繁露·顺命》第七十。

都记载在典籍上了。这样的贤人在世，这些政事就能实施；他们去世，这些政事也就废弛了。贤人治理国家，政事就能迅速推行。沃土植树，树木就能快速生长。政事就像芦苇生长一样快速容易，所以处理好政事，完全取决于用什么人。[①]这是英雄史观较早的集中表述。《中庸》原是《礼记》中的一篇，相传为战国时子思所作。宋代把它与《大学》《论语》《孟子》并列为“四书”，《中庸》成为儒家的重要经典之一，这使英雄史观的影响不断扩大。

恩格斯说：“当居于统治地位的封建贵族的疯狂争斗的喧叫充塞着中世纪的时候，被压迫阶级的静悄悄的劳动却在破坏着整个西欧的封建制度，创造着使封建主的地位日益削弱的条件。”[②]14世纪时，随着工场手工业和商品经济的发展，资本主义关系已在欧洲封建制度内部逐渐形成，在思想文化上也开始出现了反映新兴资本主义利益的要求。文艺复兴运动，从神学历史观的紧箍咒上打开了第一个缺口，产生了人文主义历史观，即强调以“人”为中心的历史观。人文主义者们提倡人道，反对神道；提倡人权，反对神权；提倡人性自由，反对封建桎梏；颂扬人的力量、人的价值和人的幸福。

18世纪法国资产阶级革命时期，资本主义在经济上已经取得了迅速的发展。法国启蒙思想家狄德罗说：“上帝是没有的，上帝创造世界是一种妄想。”他们揭露，封建统治者创造一个“上帝”，目的是要宣扬“君权神授”，把自己与上帝等同起来，以便用上帝的权威，来维护自己的统治权，为自己的罪恶行径辩护。19世纪初法国

①《大学·中庸》，中华书局2006年，第95—96页。

②《马克思恩格斯全集》第21卷，人民出版社1965年，第448页。

复辟时代的历史学家基佐、梯叶里、米涅等，用阶级斗争的观点来解释法国革命，认为阶级斗争是历史发展的动力，力图把历史描写成为有规律的过程。19世纪初的空想社会主义者圣西门、傅立叶认为，社会历史是一个由低级阶段向高级阶段不断进步的过程，是一个有规律的发展过程。他们力图阐明这种规律性，力图揭示历史发展的动力。他们的历史观已经包含了唯物史观的萌芽，是唯物史观直接的理论来源之一。

马克思主义产生前的历史观的根本缺陷，是没有正确把握社会存在和社会意识的关系，把社会意识当作历史发展的最终原因。这样，这些旧的历史观就不可能揭示社会发展的客观规律，就必然要否认阶级社会中阶级对立的客观事实，必然要否定人民群众对于历史发展的决定作用。列宁深刻提出，一切旧的历史理论都有两个最主要的缺点："第一，以往的历史理论，至多只是考察了人们历史活动的思想动机，而没有研究产生这些动机的原因，没有探索社会关系体系发展的客观规律性，没有把物质生产的发展程度看作这些关系的根源；第二，以往的理论从来忽视居民群众的活动，只有历史唯物主义才第一次使我们能以自然史的精确性去研究群众生活的生活条件以及这些条件的变更。[①]唯物史观把辩证唯物主义的基本原理应用于社会历史研究领域，将其对自然的认识，推广为对人类社会的认识，消除了以往社会历史研究中的唯心论和形而上学方法，使其不仅成为历史学而且成为一切哲学社会科学研究的理论基础和方法论。"[①] 在形形色色的旧的历史观的主导下，尽管许多学者对人类历

①《列宁选集》第2卷，人民出版社1995年，第425页。

史进行过多方面的探索，都力图揭开历史发展的秘密，但都无法完成这个任务。那时的历史学，还不能称之为“历史科学”。

2. 唯物史观创立的社会历史条件和理论来源

在社会发展实践中，旧的唯心主义历史观，必然为崭新的唯物主义历史观所代替。但是，唯物史观的产生不是偶然的，它不会也不可能自发地实现。唯物史观的产生，离不开具体的社会历史条件，也离不开具体的理论来源。恩格斯说：“我们不仅生活在自然界中，而且生活在人类社会中，人类社会同自然界一样也有自己的发展史和自己的科学。因此，问题在于使关于社会的科学，即所谓历史科学和哲学科学的总和，同唯物主义的基础协调起来，并在这个基础上加以改造。”[①] 在实践中创立唯物史观，已经是迫切的任务，这个神圣的历史性任务，是马克思完成的。

19 世纪初，英国、法国和德国等西欧资本主义国家迅速发展，不仅使社会生产力急剧提高，而且使社会阶级结构发生了深刻变化，出现了工业资产阶级和无产阶级。从 1825 年起，欧洲连续爆发了三次大规模的经济危机，生产的社会化和生产资料的私人占有之间的矛盾日趋尖锐，无产阶级的生存状况急剧恶化，无产阶级和资产阶级的矛盾，已经上升为社会的主要矛盾。无产阶级为了维护切身的利益，同资产阶级展开了英勇的斗争。从 19 世纪 30 年代起，西欧连续发生工人起义，例如 1831 年和 1834 年法国里昂丝织工人

① 《马克思恩格斯选集》第 4 卷，人民出版社 1995 年，第 230 页。

起义，提出“不能劳动而生，毋宁战斗而死”的口号。1836—1858年，英国掀起宪章运动，这是世界历史上第一次广泛的、真正群众性的、政治性的无产阶级革命运动。1844年德国西里西亚爆发纺织工人起义，把斗争的矛头直接指向资本主义制度，德国的工人阶级已经自觉地开始了反对资本主义私有制的斗争。

这些斗争，即已经客观发生的这些“历史事实”，对于马克思主义唯物史观的形成，具有决定性的意义。唯物史观形成的过程中，从来不曾脱离无产阶级斗争的革命实践。这些斗争表明：在19世纪资本主义的发展中，资产阶级和无产阶级之间的阶级斗争，已是不可避免的社会斗争；产生这些斗争的根本原因，在于经济利益的深刻矛盾。这些斗争还表明，无产阶级已经作为一支独立的政治力量，开始登上历史舞台。无产阶级的斗争，亟须先进的科学理论的指导。

马克思对19世纪初英国、法国和德国等国的无产阶级斗争进行了深入的研究，这些研究不是就事论事，而是将这些斗争所蕴含的深刻历史内容放在人类历史矛盾运动广阔的背景下去认识和分析，从历史与现实、理论与实践的结合上，探究人类社会历史发展的一些规律性的内容。这些规律性的内容是什么呢？首先是阶级和阶级斗争问题。例如在英国，自从采用大工业生产以来，土地贵族和资产阶级争夺统治权的斗争，就是英国全部政治斗争的中心。近代法国的历史，长期处在封建贵族复辟和资产阶级反复辟的斗争中，确如基佐、梯叶里、米涅等资产阶级史学家所言，资产阶级反对封建贵族的阶级斗争，才是正确理解中世纪以来法国历史的钥匙。法国里昂工人起义、英国宪章运动、德国西里西亚工人起义等重大史事表明，阶级斗争是历史发展的动力。

而阶级斗争的内在原因，是经济利益，政治斗争不过是一种形式。马克思、恩格斯在《共产党宣言》中曾明确指出："资产阶级撕下了罩在家庭关系上的温情脉脉的面纱，把这种关系变成了纯粹的金钱关系。"① 提出阶级和阶级斗争，并不是马克思主义创始人的功劳。在他们之前，英国古典政治经济学的代表人物亚当·斯密、大卫·李嘉图，英国空想社会主义者圣西门，法国历史学家基佐、梯叶里、米涅等，都从不同的视角论述过阶级和阶级斗争。但是，他们都没有说明阶级产生的根源和消灭阶级的途径。马克思主义的功劳在于：科学地揭示了阶级的存在仅仅同生产发展的一定历史阶段相联系。阶级不仅是历史的范畴，而且还是一个经济的范畴。阶级的本质是经济关系，是由人们对生产资料的占有不同而决定的。

马克思主义唯物史观的创立，广泛汲取了19世纪中叶人类文明的精华，马克思主义学说从不曾脱离人类文明发展的大道。唯物史观从问世以至到后来的发展都表明，它是人类思想史上的崭新的历史观，是关于社会历史发展一般规律的科学。唯物史观的根源深藏在物质的经济的事实之中，但它的理论来源是多方面的。

首先是空想社会主义的影响。空想社会主义产生于资本主义生产状况和阶级状况尚未成熟的时期，最早见于16世纪托马斯·莫尔的《乌托邦》一书中。在这本书中，莫尔为后人提出了一个周密考虑过的关于社会主义的方案。空想社会主义不能揭示资本主义的根本矛盾和发展规律，认识不到无产阶级的历史使命，但它对资本主义制度的批判，对唯物史观的产生无疑有积极的意义。例如，莫尔揭

① 《马克思恩格斯文集》第2卷，人民出版社2009年，第34页。

露了资本原始积累，痛斥了剥夺农民土地的圈地运动是“羊吃人”。法国的傅立叶认为，资本主义雇佣制是“恢复奴隶制度”，资本主义是“人吃人”的社会。英国的欧文抨击私有制把世界变成地狱，是一切阶级之间纷争的根源。在资本主义私有制下，生产越发展，资本家就剥削得越多，工人就越加贫困。法国的圣西门还针对资本主义剥削制度提出“一切人都应当劳动”。空想社会主义者都确信资本主义是罪恶，应当为“人人平等，个个幸福”的、有“永恒正义的”社会主义新社会所代替。

其次是英国古典经济学家威廉·配第、亚当·斯密、大卫·李嘉图等人关于阶级经济分析的影响。威廉·配第在《赋税论》等著作中，第一次提出“劳动价值论”的基本观点，并从这一基本认识出发，对剩余价值进行了有益猜测。亚当·斯密在《国富论》中，进一步发展了劳动价值论。他在强调价值的泉源是一切劳动的同时，还第一次从经济上分析了资本主义社会的阶级结构，指出工人和资本家、土地占有者之间的对立是阶级对立，初步提出划分阶级的标准是生产资料的所有制关系。大卫·李嘉图是英国古典经济学的完成者。他提出工资和利润是劳动创造的价值的两个部分；工资越低，利润就越高，反之，工资越高利润就越低。这实际上已经接触到了劳动与资本之间的矛盾。

再次是黑格尔的哲学，特别是他的历史哲学和辩证法的影响。黑格尔是近代德国古典哲学流派的代表之一。这一流派的其他代表人物还有康德、费希特、谢林、费尔巴哈等。恩格斯说：“如果不是先有德国哲学，特别是黑格尔哲学，那么德国科学社会主义，即过去从来没有过的唯一的科学社会主义，就决不可能创立。”[①] 黑格尔是第一个把历史观从形而上学中解放出来的人，他把整个自然的、历史的和精神的世界描写为一个过程，这个过程处在不断的运动、变化、转变和发展中，而且试图揭示这种发展的内在联系。正如恩格斯所说，黑格尔“是第一个想证明历史中有一种发展、有一种内在联系的人”[②]。黑格尔哲学是19世纪德国资产阶级的世界观体系，表现出丰富的辩证法内容与保守体系之间的深刻矛盾。但黑格尔的历史观是唯物史观直接的理论前提，则是不可否认的。在《黑格尔法哲学批判》和《导言》《1844年经济学哲学手稿》《神圣家族》《德意志意识形态》《哲学的贫困》以及《共产党宣言》和《资本论》中，都可以看到马克思主义创始人对黑格尔哲学的批判改造和批判继承。

最后，法国复辟时期的历史学家的阶级斗争学说，也是马克思主义唯物史观重要的思想来源之一。在历史上，资产阶级历史学家早在马克思和恩格斯提出唯物史观之前，就已提出了关于阶级斗争的学说。他们站在资产阶级立场上，用阶级斗争的观点来解释法国革命，解释西欧中世纪以来的历史。马克思曾说：“无论是发现现代社会中有阶级斗争存在或发现各阶级间的斗争，都不是我的功劳。在我以前很久，资产阶级历史编纂学家就已叙述过阶级斗争的历史发展。”[③] 而且，他还称法国历史学家梯叶里是“法国历史编纂学中的‘阶级斗争’之父”[④]。但是，资产阶级历史学家只承认资产阶

---

① 《马克思恩格斯全集》第18卷，人民出版社1964年，第565页。

② 《马克思恩格斯选集》第2卷，人民出版社1972年，第121页。

③ 《马克思恩格斯选集》第4卷，人民出版社1995年，第547页。

④ 《马克思恩格斯书信选集》，人民出版社1962年，第81页。

级对封建贵族的斗争，而否定劳动大众反对资产阶级的斗争。马克思克服了资产阶级历史学家的局限性，科学论证了阶级和阶级斗争的产生、发展和最后必然归于消亡的规律的存在，使阶级斗争理论成为唯物史观的基本观点之一。

3. 唯物史观使人类历史研究成为科学

1883 年 3 月 14 日，马克思在伦敦逝世。3 月 17 日，马克思被安葬在他的夫人燕妮·马克思的身旁。在伦敦海格特公墓马克思的墓穴前，恩格斯向他的战友致最后的告别词，即著名的《在马克思墓前的讲话》。

恩格斯说，马克思的逝世“对于欧美战斗的无产阶级，对于历史科学，都是不可估量的损失。这位巨人逝世以后所形成的空白，不久就会使人感觉到。

“正像达尔文发现有机界的发展规律一样，马克思发现了人类历史的发展规律，即历来为繁芜丛杂的意识形态所掩盖着的一个简单事实：人们首先必须吃、喝、住、穿，然后才能从事政治、科学、艺术、宗教等等；所以，直接的物质的生活资料的生产，从而一个民族或一个时代的一定的经济发展阶段，便构成基础，人们的国家设施、法的观点、艺术以至宗教观念，就是从这个基础上发展起来的，因而，也必须由这个基础来解释，而不是像过去那样做得相反。

“不仅如此。马克思还发现了现代资本主义生产方式和它所产生的资产阶级社会的特殊的运动规律。由于剩余价值的发现，这里就豁然开朗了，而先前无论资产阶级经济学家或者社会主义批评家所做的一切研究都只是在黑暗中摸索”。[①]

马克思为人类文明发展做出了两个最伟大的贡献，即发现了唯物史观和剩余价值理论。正是这两个伟大的发现，使社会主义从空想变成了科学。这样，过去在历史观和政治观方面占支配地位的那种混乱和随意性，被唯物史观这一严密的科学理论所代替。在唯物史观发展的历史上，《关于费尔巴哈的提纲》和《德意志意识形态》是划时代的著作。

《关于费尔巴哈的提纲》1845年春写于布鲁塞尔，1888年恩格斯出版《路德维希·费尔巴哈和德国古典哲学的终结》一书时，发现了它，把它作为该书的附录第一次公开发表。恩格斯对于这个《提纲》给予高度评价，认为这是一份“非常宝贵的”“包含着新世界观的天才萌芽的第一个文件”；又说，它是“历史唯物主义的起源”[②]。《德意志意识形态》，马克思、恩格斯撰写于1845—1846年。在这部经典著作中，马克思、恩格斯在对以费尔巴哈、鲍威尔和施蒂纳为代表的唯心史观进行深刻分析和批判的基础上，第一次系统阐述了唯物史观的基本原理，对唯物史观进行了经典表述。

在这两部著述中，马克思和恩格斯把唯物史观同一切唯心史观对立起来，并深入论证了唯物史观的基本原理，初步确立了唯物史观的理论体系。从这个意义来说，《关于费尔巴哈的提纲》和《德意志意识形态》标志着唯物史观的诞生。唯物史观是科学思想的伟大成果，它揭开了“历史之谜”，成为历史研究的理论基础和方法论，

---

①《马克思恩格斯选集》第3卷，人民出版社1995年，第776页。

②《马克思恩格斯全集》第39卷，人民出版社1974年，第24、25页。

使人类的历史研究成为科学。

自远古以来，历代人们都在不断地探求社会发展的原因，试图回答历史发展的动因、动力、趋势和规律以及前途等等。不同时代的不同历史学家为回答这些问题提出了许多认识和分析历史的理论。但是，这些理论和唯物史观相比，却有共同的缺点，而且正是这些缺点，使历史学不能成为科学。

这些缺点是：第一，以往的历史理论，至多只是考察了人们历史活动的思想动机，而没有研究产生这些动机的原因，没有探索社会关系体系发展的客观规律性，没有把物质生产的发展程度看作这些关系的根源；第二，以往的理论从来忽视居民群众的活动，只有历史唯物主义才第一次使我们能以自然史的精确性去研究群众生活的生活条件以及这些条件的变更。[①]唯物史观把辩证唯物主义的基本原理应用于社会历史研究领域，将其对自然的认识，推广为对人类社会的认识，消除了以往社会历史研究中的唯心论和形而上学方法，使其不仅成为历史学而且成为一切哲学社会科学研究的理论基础和方法论。

在考察社会历史发展的动因时，形形色色的唯心史观或是从主观意识出发，或是从神意、天意出发，或是从客观精神出发。例如，黑格尔绝对唯心主义历史观的前提是“抽象的或绝对的精神”。在他看来，人类的历史是抽象的历史，是神秘的精神活动的历史。1806年10月13日，法国皇帝拿破仑率法军占领德国图林根州的耶拿时，黑格尔在耶拿见到了拿破仑。是日，黑格尔在给友人的信中写道：

---

①《列宁选集》第2卷，人民出版社1995年，第425页。

“我见到了皇帝——这位世界精神——骑着马出来在全城巡察。看到这样一个个体，他掌握着世界，主宰着世界，却在眼前集中于一点，踞于马上，令人有一种奇异的感觉”。[①] 在黑格尔笔下，拿破仑成为“马背上的绝对精神或世界精神”，一时传为笑谈，同时也形象地表现出典型的黑格尔唯心主义历史观。无论是黑格尔，还是费尔巴哈等唯心主义者，他们笔下的人是抽象的人、精神的人、孤立的或幻想中的人。

与唯心史观相反，唯物史观的出发点和归宿都是现实的人，它强调从现实的人及其活动出发，从现实的人的物质生活条件出发，有生命的真实的现实的人是人类历史活动的基本前提，也是撰写人类历史的基本前提。这些现实的人在社会政治、经济和文化领域进行着创造性的活动，能动地书写着人类文明的历史。在阶级社会中，现实的人是一定阶级关系中的人，不管你是否承认，人的社会属性都是客观存在的。他们不是抽象的、孤立的人的个体，而是社会的人。人的本质是社会关系的总和，所以才能按照既定的目的从事政治活动、经济活动和文化活动等物质活动。分析和认识人类社会的一切历史现象，都离不开人类生存发展的物质基础。总之，唯物史观是关于现实的人及其历史发展的科学，强调历史是现实的人的活动，创造历史的主体是真实的人而不是神，不是精神、不是意识，从而为历史研究成为科学奠定了坚实的理论基础，为历史学成为“历史科学”开辟了一条广阔的现实道路。

在马克思的墓碑上，镌刻着马克思在《关于费尔巴哈的提纲》

---

① 《黑格尔通信百封》，上海人民出版社 1981 年，第 204 页。

中的一句名言："哲学家们只是用不同方式解释世界，而问题在于改变世界。"①同理，我们学习、研究以唯物史观为理论基础的历史科学，其目的不是抒发怀古之幽情，为历史而历史，而在于认识世界和改造世界。马克思主义的历史科学，公开否认资产阶级史学宣扬的"客观主义"，摒弃"超意识形态""纯学术"等虚伪谎言。我们要坚持唯物史观的理论指导，努力通过学习历史不断深化对人类社会发展规律、社会主义建设规律的认识，只有这样我们才能不断丰富自己的历史知识，才能弘扬以爱国主义为核心的民族精神、坚定理想信念，更充分地实现历史学的科学认识功能。

4. 必须用唯物史观重新研究全部历史

马克思说："相当长的时期以来，人们一直用迷信来说明历史，而我们现在是用历史来说明迷信。"②唯物史观产生后，其成为研究历史的指南。因此必须在其理论指导下"重新研究全部历史，必须详细研究各种社会形态存在的条件，然后设法从这些条件中找出相应的政治、美学、哲学、宗教等等的观点。在这方面，到现在为止只做了很少的一点工作，因为只有很少的人认真地这样做过。在这方面，我们需要很大的帮助，这个领域无限广阔，谁肯认真地工作，谁就能做出许多成绩，就能超群出众"③。恩格斯还特别提到历

---

①《马克思恩克斯选集》，第 1 卷，人民出版社 1995 年，第 57 页。

②《马克思恩格斯全集》第 1 卷，人民出版社 1956 年，第 425 页。

③《马克思恩格斯选集》第 4 卷，人民出版社 1995 年，第 692 页。

史研究中的史学理论问题，他强调在经济史、政治史、法律史、宗教史、文学史和一般文化史的研究中，“只有清晰的理论分析，才能在错综复杂的事实中指明正确的道路”[①]。马克思主义创始人的这些精辟论述，对于我们理解为什么要重新研究历史，以及怎样重新研究历史，无疑都有重要的指导意义。用唯物史观重新研究历史，是和无产阶级争取人类解放的历史使命直接联系在一起的。

在马克思主义历史科学发展的历史中，马克思、恩格斯结合历史与现实，撰写了一系列光辉篇章，例如马克思的《路易·波拿巴的雾月十八日》《1848 年至 1850 年法兰西阶级斗争》《法兰西内战》；恩格斯的《家庭、私有制和国家的起源》《法兰克时代》《德国农民战争》《封建制度的解体和民族国家的产生》等。这些文章虽然不是专门的史学论文，但其史学价值却是任何人都无法否认的，直至今天，它们历经时代风雨的洗礼，仍然给人以深刻的历史教益和启迪。

《法兰西内战》是马克思在 1871 年为国际工人协会总委员会写的宣言。1891 年，在纪念巴黎公社 20 周年出版《法兰西内战》法文版第 3 版时，恩格斯将马克思写的两篇关于普法战争的宣言收入该书，并自己写了一篇《导言》。在这部著作中，马克思运用唯物史观的基本观点，深刻地分析了普法战争的性质，科学总结了巴黎公社的历史经验，丰富和发展了科学社会主义学说。恩格斯的《导言》既是马克思《法兰西内战》一书的纲要，也是简明的“巴黎公社史”。虽然一个多世纪过去了，但《法兰西内战》对历史事件和历史经验的科学的精辟总结，至今无人企及。马克思高度赞扬了巴黎无产阶

① 《马克思恩格斯全集》第 37 卷，人民出版社 1971 年，第 283 页。

级的历史首创精神，针对资产阶级的污蔑，为巴黎公社革命辩护。特别是他对巴黎公社伟大历史意义的揭示，如此简洁有力，而又尖锐鲜明，使此后浩繁的诸多著述都望尘莫及。《法兰西内战》对巴黎公社的总结，经受了历史的检验，堪称科学阐释和总结重大历史事件的典范。

1882 年 9 月中旬到 12 月上半月，恩格斯曾研究了古日耳曼人的历史，并撰写了著名的《马尔克》一文。“马尔克”这种土地制度，在 18 世纪末虽然只剩下了很少的残迹，但在整个中世纪它却是欧洲一切社会制度的基础和典范。它浸透到全部的公共生活，不仅在德意志，而且在法兰西北部，在英格兰和斯堪的那维亚半岛都有它的身影。为什么要研究古日耳曼人的历史呢？恩格斯说：“在德国这样一个还有整整一半人口靠种地过活的国家里，有必要使社会主义工人，并且通过他们使农民弄清楚，当前的大小土地所有制是怎样产生的；有必要拿古代一切自由人的公有制（包括他们当时的真正‘祖国’，即祖传的自由的公有土地），同当前短工的贫困和小农受债务奴役的状况对比一下。所以，我打算对最古老的日耳曼土地制度，做一个简短的历史叙述”。[①] 恩格斯始终认为，“马克思的历史理论是任何坚定不移和始终一贯的革命策略的基本条件”[②]。恩格斯通过分析日耳曼的土地关系发展的一般道路和农民的命运，从历史与现实的结合上，宣传科学社会主义的基本原理，指导现实的世界社会主义运动。关于这篇文章，恩格斯在同年 12 月 22 日给奥·倍倍尔的信中

---

① 《马克思恩格斯全集》第 19 卷，人民出版社 1963 年，第 353 页。

② 《马克思恩格斯文集》第 10 卷，人民出版社 2009 年，第 532 页。

写道："这是几年来我研究德国历史的第一个成果，我感到十分高兴的是，我能够首先把它献给工人，而不是献给书呆子和其他'有教养者'。"[①] 毋庸讳言，恩格斯无意成为历史学家，他从不隐讳他的历史研究是为了阐发科学社会主义基本原理，但这丝毫无损于他这篇日耳曼古代史研究的科学价值。

用唯物史观重新研究全部历史的过程，也是马克思主义史学产生和发展的过程。世界各国马克思主义历史学家"重新研究全部历史"时，他们的精品力作，共同堆砌了马克思主义的史学大厦，并使其在国际史坛的影响不断扩大。英国马克思主义历史学家埃里克·霍布斯鲍姆引用诺贝尔经济学奖获得者约翰·希克斯的话说："大多数希望弄清历史一般进程的人会使用马克思主义的范畴，或者这些范畴的某种修正形式，因为几乎没有其他的范畴形式可用。"霍布斯鲍姆还说："我们无法预见21世纪世界所面临的问题的解决方案，但是，倘若这些解决方案要获得成功的机会，它们就必须提出马克思所提出的问题。"[②]

第二次世界大战后，西方史学发展进入一个新的阶段。在"新史学"的旗帜下，历史学的理论与方法层出不穷，处于迅速发展变化中，这一切不可避免地对马克思主义史学产生影响。正是在这样的背景下，英国一些马克思主义历史学家继承和发展马克思主义的唯物史观，汲取人类学、社会学、政治学、心理学和计量史学的一些理论与方法，创立了新社会史学派。霍布斯鲍姆、爱德华·汤普

① 《马克思恩格斯全集》第35卷，人民出版社1963年，第416页。

② 参见埃里克·霍布斯鲍姆：《如何改变世界：马克思和马克思主义的传奇》，中央编译出版社2014年，第13页。

森、莫里斯·多布、罗德尼·希尔顿和克里斯托弗·希尔等，都属于这一学派。二战后，马克思主义对历史研究的影响日益增强，“原因就在于人们认为马克思主义提供了合理地排列人类历史复杂事件的使人满意的唯一基础”[1]。“到1955年，即使在马克思主义的反对者中，也很少有历史学家会怀疑聪明睿智的马克思主义的历史研究方法的积极作用及其挑战。”[2]在国际史坛，越来越多的人为马克思的思想所折服，他们表示，如果没有马克思主义，人们就不能理解这个世界的历史和现实正在发生的事情。

① 巴勒克拉夫：《当代史学主要趋势》，杨豫译，上海译文出版社1987年，第27页。

② 巴勒克拉夫：《当代史学主要趋势》，杨豫译，上海译文出版社1987年，第42页。

三、唯物史观和历史研究

唯物史观是我们学习历史、研究历史的指南。因为唯物史观揭示了历史的奥秘，科学地论述了历史的真理：人们创造历史的前提，首先是能够生活，而为了生活就需要衣、食、住等。因此人类第一个历史活动，就是生产满足这些需要的物质资料。这样，历史就破天荒第一次被安置在它的真正基础上。生产力和生产关系、经济基础和上层建筑的矛盾，是人类史矛盾运动的内在原因；有文字可考的全部历史都是阶级斗争史，表明阶级和阶级斗争是人类文明历史的内容；人类社会，可以理解成服从一定规律的自然历史过程；人们是自己历史的创造者，且从不否认个人在历史上的作用。

1. 物质资料的生产是社会生活的基础

唯物史观关于“物质资料的生产是社会生活的基础”的论述，使历史从天国回到人间，把历史的内容还给了历史。马克思主义经典作家的科学阐述，使人们认识到这样一个真理：一切社会历史现象的发生、发展和演变的终极原因，不是由于“天意”“神道”或“上帝安排”，而是实实在在的人的推动。所谓“天意”“神道”或“上帝安排”等，不过都是人造出来的。唯物史观对历史发展终极原因的新回答，使得人类思想发展历史上第一次按照历史的本来面目来认识历史，这无疑具有里程碑式的革命意义。俄国马克思主义政党创始人之一普列汉诺夫曾说：“人类历史发展的谜底，归根到底正是应当到生产力的发展中去找。”[①] 这一概括，述及唯物史观的精髓，诸如“物质资料的生产是社会生活的基础”等，都可以从中得到科学的说明。

人们为了解决衣、食、住的需求，就要生产满足这些需求的物质资料，这在人类的历史上具有极其重要的意义。因为人类只有依靠相应物质资料生存下去，政治、文化、艺术、宗教、教育等活动才可能得到发展，社会才能得到发展。所谓物质资料生产，是指人们以一定的方式结合，通过自己的劳动改造自然，获取物质资料的过程。物质资料生产是人类最基本的实践活动，可以理解成它是“一切历史的第一个前提”，是“一切历史的一种基本条件”。马克思曾说：“任何一个民族，如果停止劳动，不用说一年，就是几个星期，也要灭亡，这是每一个小孩都知道的。”[②] 人类的历史，随着生产劳动的发展而发展，历史归根结底是物质资料生产的发展史。但是，物质资料生产是人类社会存在和发展的基础这样一个事实，却长期以来被形形色色的唯心史观所忽略了。

---

① 《普列汉诺夫哲学著作选集》第 2 卷，三联书店 1961 年，第 250 页。

② 《马克思恩格斯文集》第 10 卷，人民出版社 2009 年，第 289 页。

人为了自身的生存，必须要和自然界交往，而人与自然界的交往，恰恰是通过劳动实现的。人类的历史，正是在这种交往中通过劳动诞生的。忽略或否认“物质资料的生产是社会生活的基础”，实际上是否定了人与自然的联系，否定了人们利用生产工具改造自然、进行物质资料生产这一事实。这样，人类和人类社会、人类历史的起源，就无法得到科学的说明。

人们进行物质资料生产这个事实，千百年来每天都会发生，这是最平凡、最简单、最普遍的事实，却长期被哲学家、历史学家忽略了。唯物史观作为一个科学的历史观，则首先要研究这个最常见的事实的全部内容和全部意义，从中分析一些规律性的内容，以揭示历史之谜的谜底。

人们解决衣、食、住的需求以解决生存的过程，是不间断的劳动生产的过程，这是任何人都无法否认也不难理解的事实。但是人们的劳动过程，并不是简单的循环往复的重复过程，人们通过世世代代的劳动生产，不断地提高着自己物质和精神的素质，也在改善自己的生存条件。“在再生产的行为本身中，不但客观条件改变着，例如乡村变为城市，荒野变为清除了林木的耕地等等，而且生产者也改变着，炼出新的品质，通过生产而发展和改造着自身，造成新的力量和新的观念，造成新的交往方式，新的需要和新的语言。”[①] 人们在进行物质生产的过程中，必然会结成一定的经济关系，以及在此基础上结成政治关系等一切社会关系。在社会实践中，随着物质生产劳动的分工越来越复杂，也必然会在历史发展的进程中出

① 《马克思恩格斯全集》第 46 卷上，人民出版社 1979 年，第 494 页。

现愈益复杂和完善的社会关系。

社会生产力的发展，以及人的交往的发展，使得人越来越具有文明精神和“现代性”，从而也同时推动着社会从低级向高级发展。人的发展和社会发展的动因，无一例外是以物质生产劳动为基本活动的人的社会实践，而不是超越人之外的其他什么神秘的力量。从这个意义上，可以把人类的全部历史，归结为“个人本身力量发展的历史”。[①]人类社会、人类历史的产生和发展，都和人的生产劳动实践直接联系在一起。劳动创造了人，也创造了人类社会，书写了人类的历史。唯物史观正确地指出，人类的物质生产实践活动以及与其相应的物质生产实践能力，是人类历史发展演变的终极原因或终极动力。

综上可以看出：人类社会与动物界、人与动物的根本区别，不是所谓的有无“意识”或“宗教”，而是能否进行生产。正如马克思所明确指出的那样：“这些个人使自己和动物区别开来的第一个历史行动并不是在于他们有思想，而是在于他们开始生产自己所必需的生活资料。”[②]生产，这是人脱离动物界的标志，能否进行生产劳动，是区别人和动物的分水岭。正是由于世世代代人的生产劳动，不可逆转地推动着社会向前发展。人类社会的历史是生产发展的历史，而不是人性、人的意识或宗教的历史。

人类社会发展的趋势，表现出从低级向高级发展的规律性内容，也就是从原始公有制社会，经过私有制、阶级社会，通向消灭

---

①《马克思恩格斯选集》第1卷，人民出版社1995年，第124页。

②《马克思恩格斯全集》第3卷，人民出版社1960年，第23页。

私有制、没有阶级的共产主义社会。这一过程和人类的生产劳动直接联系在一起。“整个所谓世界历史不外是人通过人的劳动而诞生的过程”[①]，历史无非是人的生产活动的历史、劳动发展的历史，这是理解人类全部历史的钥匙。

2. 人类历史发展的根本动因

在人类历史进程中，存在着诸多的、形形色色的矛盾，其中生产力与生产关系、经济基础和上层建筑的矛盾，是两大基本矛盾。这两大基本矛盾是人类历史发展的根本动因。在这两大基本矛盾中，生产力与生产关系的矛盾制约着经济基础和上层建筑的矛盾，因此更具有根本意义。生产关系一定要适合生产力发展的状况，这是人类社会发展的普遍规律。但是，这两大矛盾又不是相互隔绝、相互对立的，生产力与生产关系的矛盾的解决，往往又有赖于经济基础和上层建筑矛盾的解决。两大基本矛盾共同成为人类历史矛盾运动的动因，推动着历史向前发展。

人类的历史不是自发地、盲目地形成的，而是人们有意识地通过自身的社会实践活动创造出来。人们积极地参加生产实践，与自然进行斗争，改造自然，这是历史的起点和终点。所谓生产力，是指人们利用自然、改造自然和生产物质资料的能力，它由人的因素即劳动者，和物的因素即生产资料构成。生产关系指人们在物质资料生产过程中结成的相互关系，它的具体内容，包括人们在物质资

① 《马克思恩格斯全集》第42卷，人民出版社1979年，第131页。

料的生产、交换、分配、消费等方面的关系。它是人们最基本、最主要的社会关系，决定了其他社会关系。生产力是推动人类社会发展的最终决定力量。首先，生产力从来就是一种客观的物质力量。在历史发展的每一个阶段，人们所遇到的社会生产力都是一种客观存在，而不是随心所欲地选择的结果。人们创造历史，都是在直接遇到的生产力发展的水平上去创造历史，物质生产力是一切社会关系的终极根源。

经济基础同生产力的一定发展阶段相联系，是指一定社会中占统治地位的生产关系各方面的总和。生产力决定了经济基础，社会生产力发展到什么程度，就会产生什么样的经济基础。上层建筑是指建立在一定经济基础上的社会意识形态以及与之相适应的政治法律制度和设施等的总和。在阶级社会中，政治法律制度和设施通常简称为“政治上层建筑”。上层建筑还包括“思想上层建筑”，主要是政治思想、法律思想、道德、艺术、哲学、美学、宗教、文化传媒等。生产力是人类社会中最革命、最活跃的因素。生产力的发展，必然会引起生产关系和经济基础的变革，从而导致上层建筑领域相应的变革。

1859 年，马克思在《〈政治经济学批判〉序言》中对唯物史观的基本范畴和主要论点有如下表述：“人们在自己生活的社会生产中发生一定的、必然的、不以他们的意志为转移的关系，即同他们的物质生产力的一定发展阶段相适合的生产关系。这些生产关系的总和构成社会的经济结构，即有法律的和政治的上层建筑竖立其上并有一定的社会意识形式与之相适应的现实基础。物质生活的生产方式制约着整个社会生活、政治生活和精神生活的过程。不是人们的意识决定人们的存在，相反，是人们的社会存在决定人们的意识。社会的物质生产力发展到一定阶段，便同它们一直在其中运动的现存生产关系或财产关系（这只是生产关系的法律用语）发生矛盾。于是这些关系便由生产力的发展形式变成生产力的桎梏。那时社会革命的时代就到来了。随着经济基础的变更，全部庞大的上层建筑也或慢或快地发生变革。”[①] 这一精辟论述，唯物辩证地阐明了社会意识与社会存在的关系；论证了劳动实践创造了人类自身和人类社会；明确指出要在物质生产的基础上，要从这一前提出发，去认识和说明人类历史的发展，从而彻底摆脱唯心史观对历史的歪曲，找到科学地认识历史发展的真谛。

唯物史观认为，人类历史从低级阶段向高级阶段无穷发展的原因，不是什么超现实的神秘力量，不是人对物质利益私欲的追求，也不是对权力永无休止的追逐，而是由社会矛盾决定的，首先是生产力与生产关系、经济基础和上层建筑的矛盾这两大社会基本矛盾。这两大社会基本矛盾，是人类历史发展的根本动力。此外，还有其他各种社会矛盾，同样也是历史发展的动力，它们构成了一个“合力系统”，共同推动着人类历史不断地向前发展。对于社会基本矛盾之外的其他社会因素的作用，我们也应该有实事求是的认识。

1890年，恩格斯在致约·布洛赫的信中，提出了著名的“历史合力论”。他写道：“历史是这样创造的：最终的结果总是从许多单个的意志的相互冲突中产生出来的，而其中每一个意志，又是由于许多特殊的生活条件，才成为它所成为的那样。这样就有无数互相交错的力量，有无数个力的平行四边形，由此就产生出一个合力，即历

① 《马克思恩格斯选集》第2卷，人民出版社1995年，第32—33页。

史结果，而这个结果又可以看作一个作为整体的、不自觉地和不自主地起着作用的力量的产物。因为任何一个人的愿望都会受到任何另一个人的妨碍，而最后出现的结果就是谁都没有希望过的事物。所以到目前为止的历史总是像一种自然过程一样地进行，而且实质上也是服从于同一运动规律的。但是，各个人的意志……虽然都达不到自己的愿望，而是融合为一个总的平均数，一个总的合力，然而从这一事实中决不应作出结论说，这些意志等于零。相反地，每个意志都对合力有所贡献，因而是包括在这个合力里面的。”①

恩格斯的“历史合力论”使我们认识到，历史的演变和发展从来都不是单一的因素造成的，而是由无数种因素汇集而成的“合力”导致的结果。所谓合力，就是造就历史多种因素相互作用融合而形成的力量。对构成这一“合力”的诸多因素，应进行具体的分析。此外，人的思想意识及其活动受人所生活的社会物质条件的制约，每个人的思想意识及其活动的背后，都隐藏着不以人的意志为转移的客观物质力量。人的历史活动都是有意志的活动，但不可能超越其存在的社会条件的制约和影响。

3. 阶级、阶级矛盾与阶级斗争

文字是人类语言的书写符号，是语言的视觉形式。人类从没有文字到有文字的产生，是人类历史的一大飞跃，成为人类社会进入“文明社会”的重要标志。人类迈入了“文明社会”时，原始社会

① 《马克思恩格斯选集》第4卷，人民出版社1995年，第697页。

开始解体、物质资料生产的发展使产品出现了剩余，集体劳动逐渐被个体劳动所取代，以血缘关系结成的氏族开始破裂，由此产生了私有制和阶级。人类开始有文字可考的“文明时期”，是家庭私有制出现和奴隶阶级形成的时期，这一时期人类社会就已经是阶级社会了。从这个意义可以说，阶级对立和阶级斗争是文明历史的内容。

生产力与生产关系、经济基础和上层建筑的矛盾，是人类社会的两大基本矛盾。在阶级社会中，这些基本矛盾主要是通过阶级矛盾和阶级斗争表现出来。生产力与生产关系、经济基础和上层建筑的矛盾，贯穿于原始社会解体以来的人类历史的始终，同样，阶级矛盾和阶级斗争也如是。恩格斯说：“一切重要历史事件的终极原因和伟大动力是社会的经济发展，是生产方式和交换方式的改变，是由此产生的社会之划分为不同的阶级，是这些阶级彼此之间的斗争。”[①] 由此不难理解，阶级斗争和“人类社会两大基本矛盾”在本质上是一致的。

在阶级社会中，不仅人类社会两大基本矛盾必然通过阶级斗争表现出来，而且这些矛盾的解决或部分解决，也往往是通过阶级斗争的形式而实现。阶级斗争是阶级社会历史发展的直接动力，是阶级社会历史变革的巨大杠杆，阶级斗争的最高形式是进行社会革命。至于它在多大的程度上能够成为推动历史发展的“直接动力”或“巨大杠杆”，则要看生产力的发展水平和与之相应的革命阶级自身的发展水平。

有还是没有一定的生产力水平，具备还是不具备实行全面社

① 《马克思恩格斯选集》第 3 卷，人民出版社 1995 年，第 704—705 页。

会变革必需的物质条件，形成还是没有形成反抗旧制度的成熟的社会力量……由于这些，“直接动力”或“巨大杠杆”的作用则是不同的，会有多种多样的表现形式，即阶级斗争成为推动历史发展的“直接动力”或“巨大杠杆”的实现途径是多种多样的。对于这个问题，正确的态度是从历史实际出发，具体问题具体分析，切忌从概念而不是从事实出发，用现成的公式去剪裁历史。马克思说：“人们自己创造自己的历史，但是他们并不是随心所欲地创造，并不是在他们自己选定的条件下创造，而是在直接碰到的、既定的、从过去承继下来的条件下创造。”[①] 他的这段话，对于我们理解阶级斗争如何成为推动历史发展的“直接动力”或“巨大杠杆”，同样有重要的指导意义。

19 世纪中期，欧洲封建主义与资本主义、压迫民族与被压迫民族之间的矛盾日趋尖锐。1845—1846 年，欧洲一些国家发生严重的自然灾害；1847 年又爆发了全欧洲性的经济危机；1848 年，法国、德意志、奥地利、意大利和匈牙利等欧洲国家爆发了资产阶级革命。1848 年欧洲革命爆发后，法国二月革命推翻了君主立宪制的“七月王朝”，但资产阶级窃取了革命果实，成立了法兰西第二共和国。1848 年 6 月 22 日，法国工厂工人游行示威，揭开了六月起义的序幕，23 日早晨，开始了激烈的巷战。巴黎 4 万多名起义工人筑起街垒 600 余座，在“民主与社会共和国”的口号下，同敌人展开 4 天浴血奋战。最后，6 倍于起义者的政府军镇压了这次起义。这是现代社会中，两大对立阶级之间的第一次交锋，马克思称它为无产阶级

① 《马克思恩格斯选集》第 1 卷，人民出版社 1995 年，第 585 页。

与资产阶级的第一次伟大的战斗。

在《1848年至1850年的法兰西阶级斗争》中，马克思分析了巴黎六月起义失败的原因。他说："巴黎无产阶级在资产阶级逼迫下发动了六月起义。单是这一点已注定无产阶级要失败。既不是直接的、公开承认的要求驱使无产阶级想用武力推翻资产阶级；也不是无产阶级已经到了有能力解决这个任务的地步。"[①]但是，正是巴黎六月起义的失败，"才使它确信这样一条真理：它要在资产阶级共和国范围内稍微改善一下自己的处境只是一种空想，这种空想只要企图加以实现，就会成为罪行"。[②]巴黎工人的流血牺牲并不是白白地付出，它使无产阶级清醒和自觉地提出"推翻资产阶级！工人阶级专政！"的口号。

在马克思之前很久，资产阶级的经济学家和历史学家就已叙述过阶级斗争的历史发展，19世纪初视这些论述是"天才的发现"，并不过分。但是，他们都从唯心史观出发，认识不到资本主义生产方式的内在矛盾，不能揭示阶级产生和消亡的原因。对于阶级对立和阶级斗争，自然也就无法加以科学地说明。马克思的高明之处，就在于他以唯物史观为理论指导，将理论与实践、历史与现实相结合，解决了资产阶级思想家所没能解决的问题。马克思不是书斋里的思想家，他的阶级和阶级斗争理论的提出，和他终生所追求的争取人类解放的伟大事业紧紧连在一起。

关于阶级和阶级斗争，马克思在1852年3月5日给魏德迈的信中说："我所加上的新内容就是证明了下列几点：（1）阶级的存在仅

①②《马克思恩格斯选集》第1卷，人民出版社1995年，第400页。

仅同生产发展的一定历史阶段相联系；（2）阶级斗争必然导致无产阶级专政；（3）这个专政不过是达到消灭一切阶级和进入无阶级社会的过渡……”[①] 马克思的“新内容”，主要表现在三个方面：指出了阶级产生和消亡的社会历史条件；指出了阶级斗争的前途；指出了阶级消亡的历史途径。

在社会历史进程中，阶级和阶级斗争既不是从来就有的，也不是永恒存在的。阶级是一个经济范畴，也属于一定的历史范畴，“同生产发展的一定历史阶段相联系”，它有一个产生、发展到消亡的历史过程。人类历史上不同的社会形态，产生有不同的阶级，例如奴隶主阶级和奴隶阶级、地主阶级和农民阶级、资产阶级与无产阶级等。“所谓阶级，就是这样一些大的集团，这些集团在历史上一定的社会生产体系中所处的地位不同，同生产资料的关系（这种关系大部分是在法律上明文规定了的）不同，在社会劳动组织中所起的作用不同，因而取得归自己支配的那份社会财富的方式和多寡也不同。所谓阶级，就是这样一些集团，由于它们在一定社会经济结构中所处的地位不同，其中一个集团能够占有另一个集团的劳动。”[②] 显然，阶级与生产资料的占有制直接联系在一起。在阶级社会中，压迫阶级为了最大限度维护自己的切身利益，总是凭借自己在生产关系中所处的统治地位，对被压迫阶级在政治上、经济上和思想文化上进行压榨和统治。在阶级社会中，被压迫阶级反抗压迫阶级的斗争，从没停止。在资本主义社会中，无产阶级成为资本主

---

①《马克思恩格斯文集》第10卷，人民出版社2009年，第106页。

②《列宁专题文集·论社会主义》，人民出版社2009年，第145页。

义的掘墓人。阶级的消亡是一个自然历史过程，但它是不会自发实现的。建立无产阶级专政，是实现阶级消亡的必经途径。

4. 社会历史规律和社会形态

早在1867年《资本论》第1卷德文版出版时，马克思就曾打算把它译成法文，以便更广泛地传播自己的科学理论，消除机会主义思想对工人运动的影响，但当时没有找到合适的译者和出版者。1871年巴黎公社失败后，《资本论》第1卷在法国的出版就更为迫切。1872年初，马克思终于同法国出版家拉沙特尔谈妥，由当时以翻译费尔巴哈著作而知名的约瑟夫·鲁瓦担任翻译，由法国莫里斯·拉沙特尔出版社出版。马克思本人对译文进行了全部校订，并在法译本的扉页上印有“全部经作者校订”的字样。[①]1872年6月21日，马克思在写给左尔格的信中曾说，他在校订时付出了艰苦的劳动。

马克思在亲自校订后的《资本论》第1卷的《序言》中写道：“社会经济形态的发展同自然的进程和自然的历史是相似的。”[②]此前，这句话曾被误解或误译成“社会经济形态的发展是一种自然历史过程”[③]。将这两段话稍加比较就可以看出，后者似乎认为“历史规律”可以自发地实现，人在规律面前无所作为。这显然不是马

① 马克思：《资本论》第1卷（根据作者修订的法文版第1卷翻译），中央编译局译，中国社会科学出版社1983年，《说明》，第1页。

② 马克思：《资本论》第1卷（根据作者修订的法文版第1卷翻译），中央编译局译，中国社会科学出版社1983年，第4页。

③ 见《马克思恩格斯选集》第2卷，人民出版社1972年，第208页；还可见《马克思恩格斯全集》第23卷，人民出版社1972年，第12页。

克思的原意。英国哲学家卡·波普尔断言，没有一种科学的历史发展理论能作为预测历史的根据。他在《历史主义的贫困》等著作中，歪曲马克思的本意，混淆唯物史观与机械唯物论、庸俗唯物论的界限，将不属于马克思思想的命题强加于马克思，然后攻击马克思主义关于历史规律性的论述是“形而上学的教条或宗教式的信念”，是“难以置信的智力狂妄”，历史决定论是一种“古老迷信的残余”，等。这一拙劣做法后为人所知，即使在西方也留下了笑柄。

唯物史观认为，社会经济形态和社会历史规律密不可分，因为社会经济形态的更迭，表现出历史的规律性内容。这是由生产力是历史发展的决定性的力量，生产关系一定要适应生产力的发展，上层建筑一定要适应经济基础的发展决定的。

关于社会历史规律问题，在马克思之前就曾经有人进行过长期的探讨。从古代希腊到欧洲文艺复兴之前，主要表现出的是自然实体的或神学的社会历史规律观。如古代希腊神话中有三位命运女神，即克洛托、拉克西斯和阿特罗波斯。当时的观点是命运决定一切，如古希腊哲学家赫拉克利特所言：“一切都遵照命运而来，命运就是必然性。”[①]命运凌驾于一切意志之上，人在命运面前无能为力，只能俯首服从。

从文艺复兴到法国大革命之前，人文主义的历史规律观日渐占统治地位，这反映出文艺复兴时代人文主义对宗教神学的尖锐挑战，历史进入高扬人性的新时代。意大利政治思想家和历史学家马

---

① 《古希腊罗马哲学》，商务印书馆 1961 年，第 17 页。

基雅维利认为，人性永恒不变，在他看来，通过考察现代和古代的事件，人们很容易就可以认识到：谁详细地研究过去，谁就能够轻而易举地预见每个国家未来的事件，并能够运用古人运用过的方法；即使他找不到适用的方法，也可以根据事件的相似性找出新的方法。18 世纪意大利哲学家、历史学家维科撰写《新科学》，旨在探讨人类各民族的共同性原则。他认为，每个民族经历的具体历史过程虽然各不相同，但却有共同的规律，那就是，一切民族从兴起、发展到鼎盛直至衰亡，都必须经过神的时期、英雄时期和人的时期，它们对应的政体分别是氏族公社、贵族政体和君主独裁政体，这是人类“理想的永恒的历史”。

德国古典哲学时期的社会历史规律观，明显地表现出客观理性的特点。康德认为，历史过程中个别的人或民族的行为，存有一种规律的“自然的意图”。他说：“人类的历史大体上可以看作是大自然的一项隐蔽计划的实现。”[①] 黑格尔则在历史规律问题上，“第一次——这是他的伟大功绩——把整个自然的、历史的和精神的世界描写为一个过程，即把它描写为处于不断的运动、变化、转变和发展中，并企图揭示这种运动和发展的内在联系”。[②] 黑格尔虽然想寻找社会历史发展的规律，但是他推崇理性，依然把理性作为认识历史的基础。

马克思主义的社会经济形态和社会历史规律理论，广泛汲取了前人，特别是黑格尔相关理论的有益内容。唯物史观认为，社会历

① 康德：《历史理性批判文集》，商务印书馆 1990 年，第 15 页。

②《马克思恩格斯选集》第 3 卷，人民出版社 1995 年，第 362 页。

史的发展存在着不以人的意志为转移的客观规律，人类历史的发展过程，是由低级形态向高级形态不断演进的过程。在《德意志意识形态》中，马克思、恩格斯第一次描述了人类社会历史的发展序列，即部落所有制、古代公社所有制和国家所有制、封建的或等级所有制、资本主义所有制、未来的共产主义所有制。

马克思在《〈政治经济学批判〉序言》中指出："大体说来，亚细亚的、古代的、封建的和现代资产阶级的生产方式可以看作是社会经济形态演进的几个时代。资产阶级的生产关系是社会生产过程的最后一个对抗形式。"[①] 在《资本论》中，马克思通过研究西欧资本主义的产生和发展，还曾梳理出从原始公社经奴隶制、封建制向资本主义制度过渡的社会形态发展序列。以后，有人在上述论述的基础上，概括出人类社会是按照原始社会、奴隶占有制社会、封建社会、资本主义社会和共产主义社会五种社会经济形态依次更替的规律发展的，这就是人们常说的"五种社会形态说"，它是按照五种不同的生产方式划分的。

把人类历史发展的诸阶段区分为原始公社制、奴隶制、封建制、资本主义和共产主义几种生产方式和与之相应的几种社会形态，无疑是完全正确的。这是马克思主义关于人类社会发展规律的科学概括。但是，并不是所有民族、国家的历史都一无例外地按照这个序列向前发展。有的没有经历过某一阶段，有的长期停顿在某一阶段。例如，有些国家和民族就没有经历过奴隶制或资本主义。尽管人类历史由低级社会形态向高级社会形态的更迭发展先后不

---

① 《马克思恩格斯选集》第2卷，人民出版社1995年，第33页。

一，形式各异，但这个纵向发展的总的历史过程仍然具有普遍的、规律性的意义。它使人们清楚地认识到，资本主义的灭亡和社会主义的胜利，同样是不可避免的。

马克思对社会形态演进序列有过多次论述，但是从来没有一次把哪一种演进序列作为一切民族、一切国家都必须要完整走过的序列。人类的社会历史，是一个十分复杂的有机体系。社会历史规律既包括社会经济形态的更迭的普遍规律——它属于“一切时代”，也包括仅为“几个时代”共有的特殊规律。这些特殊规律仅作用于特定的社会历史阶段、特定的人类活动的时间和空间。

马克思自大学时代直至逝世前的最后几天，始终坚持对世界历史的研究。约1881年底到1882年底，晚年的马克思写有一部史学手稿，即《历史学笔记》，写下后几个月，马克思逝世，这是马克思生前写下的最后一部手稿。在《历史学笔记》（以下简称《笔记》）中，马克思对公元前1世纪到公元17世纪欧洲的历史做了批判性的评述，《笔记》中涉及的主要著作是德国历史学家施洛塞尔的《世界史》（18卷），博塔的《意大利人民史》，科贝特的《英国和爱尔兰的新教改革史》，休谟的《英国史》，马基雅维利的《佛罗伦萨史》，卡拉姆津的《俄罗斯国家史》，赛居尔的《俄国和彼得大帝》，格林的《英国人民史》。马克思在其一生的历史学研究中，包括《笔记》，一共做了7个编年史摘录。

在《笔记》中，马克思通过实证性的历史研究，在理论与历史研究实践相结合的基础上，进一步完善了社会形态理论，对唯物史观的基本原理进行了阐释和验证。1881年他在给俄国女革命家维·伊·查苏利奇的复信中写道：“在论及资本主义生产的起源时，我说‘在资本主义制度的基础上，生产者和生产资料彻底分离了……

全部过程的基础是对农民的剥夺。这种剥夺只是在英国才彻底完成了……但是，西欧的其他一切国家都正在经历着同样的运动。可见，这一运动的‘历史必然性’明确地限于西欧国家……”[①]在该信的初稿中，马克思也强调：“我明确地把这一运动的‘历史必然性’限于西欧各国。”[②]关于这个问题，马克思在给俄国《祖国纪事》杂志编辑部的信中曾提到，有人“一定要把我关于西欧资本主义起源的历史概述彻底变成一般发展道路的历史哲学理论，一切民族，不管它们所处的历史环境如何，都注定要走这条道路，……。但是我要请他原谅。他这样做，会给我过多的荣誉，同时也会给我过多的侮辱”[③]。不难看出，马克思断然否定把特定地域、特定民族的历史规律，当成人类永恒的、普遍的规律，明确反对把一般历史哲学的理论，当作万能钥匙到处生搬硬套。

5. 人民群众和个人在历史上的作用

如何认识人民群众和个人在历史上的作用，这是学习或研究历史不可避免会遇到的问题。唯物史观认为：历史活动是群众的事业，人民群众是历史的创造者，同时也承认个人在历史上的作用，从而恢复了人民群众在历史上的应有地位。承认还是不承认人民群众是历史的创造者，是唯物史观和唯心史观的根本分歧。唯心史观鼓吹

---

①《马克思恩格斯选集》第3卷，人民出版社1995年，第774页。

②《马克思恩格斯选集》第3卷，人民出版社1995年，第761页。

③《马克思恩格斯选集》第3卷，人民出版社1995年，第343页

神意决定论或英雄决定论，宣扬历史是少数英雄人物或某种神秘力量创造的，其本质都是否认人民群众的历史作用。

人民群众是历史的创造者，首先因为人民群众是社会物质财富的创造者。物质生产活动是人类社会存在和发展的基础，是一切历史的前提；人类的历史，首先是生产发展的历史。而历代生产的发展，各种形式的物质生产活动，都离不开人民群众的参与。在社会生产实践中，世世代代人民群众的生产劳动推动了生产力的发展，使人类历史表现出不可逆转的历史进步。恩格斯说："自从阶级产生以来，从来没有过一个时期社会可以没有劳动阶级。这个阶级的名称、社会地位有过变化，农奴代替了奴隶，后来本身又被自由工人所代替……无论不从事生产的社会上层发生什么变化，没有一个生产者阶级，社会就不能生存。可见，这个阶级在任何情况下都是必要的。"[①] 这种"必要"的一个最简单的事实，就是人类要生存，首先要解决吃、穿、住、行的问题，解决这些问题，必须要有必要的物质资料，而这些物质资料，正是由人民群众生产的。

人民群众不仅是物质财富的创造者，同时也是精神财富的创造者。人民群众为人们从事精神文化活动提供了必要物质手段和物质条件。任何精神财富的创造，都离不开物质生产活动，人民群众的社会实践活动是科学、文化、艺术的唯一源泉。人类历史进程中创造出无数的文化精品，成为人类文明发展的重要标志。在实际生活中，物质财富的创造和精神财富的创造，并不是截然对立的。有些人认为，精神财富的创造与人民群众无关，而只是社会精英的专

---

①《马克思恩格斯全集》第25卷，人民出版社2001年，第534页。

利。这种认识是错误的。且不说精英们的精神创造活动都离不开物质生活资料的支持，更重要的是，创造出这些精神财富的科学家、思想家、文学家、艺术家，并不是生活在真空中的抽象的人，他们都离不开社会实践所提供的取之不竭、用之不尽的丰富营养。历代有生命力的精神财富，都建立在坚实的社会实践的基础上，多是时代的回声。此外，从远古以来的人类历史表明，无数中外精神财富的问世，都离不开包括知识分子在内的人民群众的参与，在精神财富的创造过程中，广大人民群众起着十分重要的作用。

人民群众是实现社会变革的决定性力量。在阶级社会中，生产关系要适合生产力的状况，这从来都不是自发地实现的。特别是腐朽没落的剥削阶级不会自行退出历史舞台，历史上的重大社会变革，往往是通过以人民群众为主体的社会革命完成的。对于历史事变的真实原因，应当注意的是“与其说是个别人物、即使是非常杰出的人物的动机，不如说是使广大群众、使整个整个的民族，以及在每一民族中间又是整个整个阶级行动起来的动机；而且也不是短暂的爆发和转瞬即逝的火光，而是持久的、引起重大历史变迁的行动。……这是可以引导我们去探索那些在整个历史中以及个别时期和个别国家的历史中起支配作用的规律的唯一途径”[①]。社会经济形态的更迭，可以使人们更清楚地看到人民群众的决定作用。例如，在奴隶占有制社会，奴隶反对奴隶主的英勇斗争，为新兴地主阶级登上历史舞台开辟了道路。在封建社会，此起彼伏的农民起义和农民战争，摧毁了封建地主阶级的统治，为资产阶级建立起自己政治、

① 《马克思恩格斯选集》第4卷，人民出版社2012年，第255页。

经济上的统治创造了条件。资产阶级革命，是由资产阶级领导的反对封建社会制度的革命，加快了资本主义的发展。

历史科学要想成为真正的科学，首先应当研究物质资料生产者的历史，即人民群众的历史。但是，强调人民群众是历史的创造者，并不是否认个人在历史进程中的作用。就这个问题，马克思主义经典作家有十分精辟的论述。马克思说："每一个社会时代都需要有自己的伟大人物，如果没有这样的人物，它就要创造出这样的人物来。"[①] 历史上，任何一个阶级都需要推举出自己的领袖，其才能取得统治地位。列宁认为："历史必然性的思想也丝毫不损害个人在历史上的作用，因为全部历史正是由那些无疑是活动家的个人的行动构成的。""历史上，任何一个阶级，如果不推举出自己善于组织运动和领导运动的政治领袖和先进代表，就不可能取得统治地位。"[②] 马克思主义从来没有否认过个人在历史上的作用，认为历史人物对社会发展能起到加速或延缓的作用。它所反对的是片面地夸大杰出人物的历史作用，并以此忽略或否定人民群众的历史作用。

杰出人物或英雄人物，通常是指对历史发展有积极影响，或起过重要推动作用的人。这些人主要包括先进阶级的代表人物，世界杰出的思想家、科学家和艺术家，占统治地位的剥削阶级的代表人物，他们在一定程度上顺应历史发展的潮流，对社会进步有一定的促进作用。对于上述历史人物，要正确认识他们在历史上的作用，就要从历史事实出发，不是孤立地，而是将他们置于一定的历史范

① 《马克思恩格斯全集》第 7 卷，人民出版社 1959 年，第 72 页。

② 《列宁选集》第 1 卷，人民出版社 1995 年，第 26 页、第 210 页。

围之内，联系他们生活的具体的时代要求，去考察个人活动背后的社会历史条件，只有这样，才能了解他们历史活动的实质。总之，正确认识个人在历史上的作用，不能忘记人民群众是历史的创造者，要坚持历史的观点，对个人的功过是非做出实事求是的评价；同时不能离开时代为他们提供的社会历史条件，个人是在既定的社会历史条件下创造历史。所谓“时势造英雄”，正是伟大的斗争造就出伟大的人物，使某些个体将过去不可能发挥的天才发挥出来。

四、历史是发展的充满着矛盾的运动

> 学习历史要自觉坚持以唯物史观为理论指导，同时也要自觉地掌握历史发展的辩证法。因为社会历史过程本身是辩证的，我们自然应该以历史的本来面目来观察历史。与近代以来各种唯心主义的历史辩证法学说不同，马克思和恩格斯在人类思想史上，第一次把唯物主义和辩证法结合起来考察社会历史现象，正确揭示了历史发展的辩证过程。它使人们认识到：社会是“处于变化过程中的机体”。历史是发展的、变化的，历史发展充满着辩证的矛盾运动，按螺旋式前进。此外，它不否认历史发展的统一性和多样性、必然性和偶然性，并对此进行了科学的阐释。

1. 一切事物都是发展变化的

人类历史是一个由低级向高级发展的辩证运动过程，而且表现出规律性的内容。历史在矛盾运动中前进，不以人的意志为转移。生产力和生产关系的矛盾、经济基础和上层建筑之间的矛盾，是贯穿人类历史始终的社会基本矛盾。在不同的历史条件下，社会基本矛盾既可以表现出敌对阶级之间的斗争，如奴隶和奴隶主、农民和地主、无产者和资产者；也可以表现为人民内部的矛盾，如在社会主义制度下。虽然不排除社会主义制度下也有敌我矛盾，但主要还是人民内部矛盾。社会基本矛盾无论以怎样的形式表现出来，同样都是历史发展的动力，推动历史在矛盾运动中不断向前发展。历史发展中矛盾运动是绝对的、普遍的，旧东西的衰亡和新东西的生长交织在一起，历史的发展变化永无穷尽。

历史上依次更迭的一切社会制度都不是永恒的，而只是人类历史进程中，由低级到高级的无穷发展中的一个暂时的阶段。例如，奴隶主阶级和封建地主阶级，都曾幻想他们的统治永世长存，但这只是一厢情愿。历史是无情的，奴隶占有制被封建制所代替，封建制被资本主义制度所代替是历史发展规律的必然。因此，如恩格斯所说："每一个阶段都是必然的，因此，对它发生的那个时代和条件说来，都有它存在的理由；但是对它自己内部逐渐发展起来的新的、更高的条件来说，它就变成过时的和没有存在的理由了；它不得不让位于更高的阶段，而这个更高的阶段也要走向衰落和灭亡。"[①] 这就是历史的辩证法。

现今经济全球化这一新的历史条件，确实为实现资本、劳动力、信息、技术和人才资源的配置提供了优化的条件；社会生产力的迅速增长，在某种程度上表现出资本主义较好的自我调适能力及潜力。然而，资本主义的基本矛盾并没有得到解决。国家垄断资本

① 《马克思恩格斯选集》第4卷，人民出版社1995年，第217页。

主义或国际垄断资本主义，仍然是以生产资料私有制为基础的资本主义，资本主义的本质特征并没有变，资本主义基本矛盾没有变，帝国主义的垄断特征没有变。这样，就不存在所谓经济全球化的唯一前景是在全球建立起资本主义的永恒统治，即所谓“历史的终结”。资本主义不过是人类历史无限发展过程中的暂时阶段，经济全球化没有改变、也不可能改变科学社会主义所揭示的资本主义的历史地位。

人类社会的发展不仅具有必然性，而且具有历史性，是必然性和历史性的辩证统一。在社会基本规律的作用下，社会主义必然在自身发展的基础上，发展到共产主义的社会形态。在共产主义社会，物质财富极大丰富，社会关系高度和谐，每个人自由而全面地发展。但是，在共产主义社会，生产力和生产关系之间、经济基础和上层建筑之间的矛盾也不可能终止，生产关系和上层建筑的变革也是不可避免的，只有这样，社会才能继续向前发展。

历史的发展是充满矛盾的运动，人类社会的一切事物都是发展着的、变动着的。历史运动的形式主要有两种，即“进化”的形式和“革命”的形式。这两种形式在历史发展中，则表现为历史的“渐变”和“突变”。事物的发展，总是由量变到质变，历史的渐变，表明历史运动处于量变阶段的运动形式中，这时社会基本矛盾并没发生显著的变化，社会阶级矛盾也不是十分尖锐，这是历史发生突变的准备阶段。但是应该明确的是，渐变是相对于突变而言的，渐变并不等于停滞，而是在缓慢地发生变化。

历史的突变，不管是局部的突变，还是全局性的突变，恰恰是在渐变的基础上发生的。突变，特别是全局性的历史突变，即旧的社会形态被新的社会形态所代替，无论从奴隶制社会向封建制社会转变，还是从封建制社会向资本主义社会转变，都是通过革命实现的。从资本主义社会形态向社会主义社会形态的转变，更为突出地表现了革命在社会形态飞跃中的决定作用。社会历史上的一切现象都是对立面的统一，每一历史事物都包含有自己的反面。每一个以后的发展阶段，是前一个的否定，是新事物代替旧事物的过程。回溯历史，人们可以清晰地看到历史如何从简单到复杂、从低级到高级的发展过程。

社会基本矛盾的发展，推动了人类历史的前进，每个历史时期社会形态的变化，都与社会基本矛盾的发展息息相关。在阶级社会中，一种社会形态被另一种社会形态所代替，并不是自发实现的，而是在一定的历史条件下通过社会革命完成，正是在这个意义上，马克思说"革命是历史的火车头"[①]。压迫阶级为维护自身的利益，极力要保持旧的生产关系，他们千方百计延缓或阻止生产力的发展，不可避免地激起被压迫阶级的激烈反抗。

历史矛盾运动的两种形式，无论是哪一种形式，都不是均衡进行的，即使是渐变也不是匀速运动。马克思在写给恩格斯的信中，曾谈及"在伟大的历史发展中，二十年等于一天，虽然以后会有一天等于二十年的时期"。列宁在写《卡尔·马克思》时引用了马克思的这段话。列宁说："这就是说，不应当把各个阶级和各个国家看作是静态的，而应当看作是动态的，即不应当看作是处于不动的状态，而应当看作是处于运动之中（运动的规律是从每个阶级存在的经济条件中产生的）。而对运动，不仅要从过去的观点来看，而且要

---

①《马克思恩格斯全集》第 17 卷，人民出版社 1963 年，第 99 页。

从将来的观点来看，并且不是像‘进化论者’那样庸俗地理解，只看到缓慢的变化，而是要辩证的理解：‘在这种伟大的发展中，二十年等于一天，虽然以后可能又会有一天等于二十年的时期’。”[①]他还认为，无产阶级革命斗争不能忘记历史的辩证法，一方面要利用政治消沉时代或和平“龟行”发展的时代，来发展先进阶级的意识、力量和战斗力；另一方面要把这种工作全部引向这个阶级的运动的“最终目的”，并使这个阶级在“一天等于二十年”的伟大日子到来时，有能力实际完成各项伟大的任务。

2. 历史的发展按螺旋式前进

历史的发展，通常是沿着曲折的道路前进，有时甚至可能倒退或重演。人类历史从来都不是笔直地直线上升，而是螺旋式发展。“设想世界历史会一帆风顺、按部就班地向前发展，不会有时出现人幅度的跃退，那是不辩证的，不科学的，在理论上是不正确的”[②]。历史的螺旋式发展，是马克思主义哲学否定之否定的普遍规律在人类历史进程中的具体体现。

任何一个历史过程，都存在着“肯定”与“否定”的矛盾斗争。当斗争中的一个方面取得了支配地位，否定旧的历史过程时，并不是将其简单地彻底抛弃，而是辩证地扬弃，因为历史不能割裂，旧的历史过程并不是消失得无影无踪了。新旧历史过程转化时，生产

① 《列宁全集》第 58 卷，人民出版社 1990 年，第 358 页。

② 《列宁选集》第 2 卷，人民出版社 1995 年，第 694 页。

力与生产关系、经济基础和上层建筑，都在历史矛盾运动过程中推陈出新，向高一级发展，推动历史向前发展。例如，1949 年中华人民共和国成立，标志着中国半殖民地半封建社会的终结和新民主主义革命的胜利，中国人民实现了鸦片战争以来争取民族独立和人民解放的夙愿。新中国是从旧中国发展而来的，所以新中国诞生后，中国人民在党的领导下要继续完成民主革命遗留的任务，通过镇压反革命运动、“三反”和“五反”运动积极巩固新生的人民政权；在统一财经的基础上全面恢复国民经济。

人类历史的发展十分复杂，历史进程中暂时的停顿或者倒退，并不鲜见。例如，旧的生产关系严重地阻碍社会生产力的发展，统治阶级企图通过对劳动者残暴的掠夺和压榨，以维持自己的统治。他们的种种倒行逆施，使社会经济濒于崩溃，社会愈益动荡，广大人民群众生活在水深火热之中。在这种情况下，历史的发展会表现出暂时的倒退。被压迫民族受到压迫民族的侵略与奴役时，历史发展也往往会呈现出停顿或倒退的状况。但是，这些停顿或倒退在历史的长河中，都是暂时的，丝毫改变不了历史前进的大潮。例如，1840—1842 年鸦片战争后，中国由一个封建国家逐步沦为半殖民地半封建的国家。鸦片战争后的近百年间，世界列强几乎都参与了对中国的侵略和掠夺。中国人民虽然进行了英勇的抵抗，但战争多以失败而告终。1931 年日本发动侵华战争，中国人民开始了 14 年艰苦卓绝的抗日战争，前仆后继，浴血奋战，最终取得了抗战的胜利。抗日战争是中国近代以来抗击外敌入侵，第一次取得完全胜利的伟大的民族解放战争。抗日战争不仅重新确立了中国世界大国的地位，而且实现了中华民族由衰败走向复兴的伟大转折，彻底改变了中国的历史命运。今日的中国，世人有目共睹：中国在抗日战争胜利 70

多年以来，已经发生了天翻地覆的变化。

明确历史发展按照螺旋式前进，对于清醒地认识世界社会主义运动的历史和现实，也有重要的现实意义。科学社会主义从其产生到今，已有 170 年。在 20 世纪，社会主义打破了资本主义一统天下的局面，从一个国家发展到多个国家，取得了辉煌的成就。20 世纪 90 年代，东欧剧变和苏联解体，使原来 10 个社会主义国家分裂成为 28 个非社会主义国家，社会主义运动随之处于低潮。但是，社会主义遇到挫折、困难，甚至暂时的失利，都不足为怪。“如果斗争只是在有极顺利的成功机会的条件下才着手进行，那么创造世界历史未免就太容易了”①，世界社会主义运动通常循着曲折的道路向前发展，不会像走在坦途上那样始终凯歌行进，有时倒退几十年也是完全有可能的。但是，不能因此而抹杀社会主义对世界历史进程所产生的深远影响，也不能因此而否定科学社会主义的原理。针对苏东剧变，邓小平曾指出：“资本主义代替封建主义的几百年间，发生过多少次王朝复辟？所以，从一定意义上说，某种暂时复辟也是难以完全避免的规律性现象。一些国家出现严重曲折，社会主义好像被削弱了，但人民经受锻炼，从中吸收教训，将促使社会主义向着更加健康的方向发展。因此，不要惊慌失措，不要认为马克思主义就消失了，没用了，失败了。哪有这回事！”“马克思主义是打不倒的，打不倒，并不是因为大本子多，而是因为马克思主义的真理颠扑不破。”“世界上赞成马克思主义的人会多起来的，因为马克思主义是

---

①《马克思恩格斯全集》第 33 卷，人民出版社 1973 年，第 210 页。

科学。”[①]近十几年世界历史的发展，充分证明了这一点。古今中外，历史的发展总是按照按螺旋式前进，道路曲折，但前途是光明的，中国人民和世界各国人民对世界社会主义运动的复兴，充满了信心。

3. 历史发展的统一性和多样性

世界上不同的民族和国家在自己的历史进程中，经济、政治和文化的发展不可避免地表现出自己的特点，由这些特点可看到历史发展的多样性。世界历史的实证研究清晰地表明，各个民族和国家并不是按照一个统一的、单一的模式发展的。但是，各个民族和国家的发展，又都有共同的和普遍的发展规律，从中可以看到历史发展的统一性。只有将历史发展的多样性和历史发展的统一性结合起来，才能认清历史发展的客观规律，才能从历史与现实的内在联系上正确理解现实生活中提出的一系列问题。

恩格斯说：“世界的真正的统一性是在于它的物质性。”[②]统一性是历史发展的共性，多样性是历史发展的个性，历史发展是共性和个性的统一，不能割裂二者的关系。历史发展的统一性，主要表现在两个方面：

其一，人类历史从低级向高级发展。在世界范围内，整体上依次经历的社会形态是原始社会、奴隶社会、封建社会、资本主义社

---

① 《邓小平文选》第3卷，人民出版社1993年，第383页、第382页。

② 《马克思恩格斯选集》第3卷，人民出版社1972年，第83页。

会、共产主义社会（社会主义社会是它的第一阶段）五种社会形态。其二，处于同一社会形态的不同的国家，有大体相同的生产关系体系和上层建筑体系。例如：各国的奴隶社会，奴隶主不仅占有生产工具，而且占有奴隶，奴隶不过是会说话的工具。各国的封建社会，封建主通过超经济强制，榨取农民的剩余劳动，农民开始有自己的私有经济和一定程度的人身自由，因而比奴隶有更多的生产积极性，有利于社会生产力的发展。各国的资本主义社会，生产资料为资本家私人占有，工人只能靠出卖劳动力谋生。资本主义社会的基本矛盾是生产社会化和生产资料的资本主义私人占有之间的矛盾，资本主义生产的目的，是不停地追求更多的剩余价值。

社会形态发展的统一性和多样性不可分割，要从社会形态发展的多样性中概括出社会形态发展的统一性，又要从社会形态发展的统一性中把握社会形态发展的多样性。历史发展的多样性和历史发展的统一性不是对立的。历史发展的多样性主要表现在以下三个方面：

其一，处于同一社会形态的不同的民族和国家的历史，除去具有统一性之外，还具有各自的特点。例如：在西欧的奴隶制国家，主要是实行奴隶主私人土地占有制，在对奴隶占有的形式上，以私人奴隶为主。而在中国、印度等东方国家，则实行奴隶主的国家土地私有制或奴隶主阶级的共同私有制，如中国的井田制；在对奴隶占有的形式上，以使用国有奴隶为主。

其二，人类社会在由较低的社会形态向较高的社会形态转变时，不同国家和民族所采取的过渡形式各有特点。有些国家和民族，由于特殊的历史条件，在由一个社会形态向另一个社会形态转变的过程中，可能超越某一个社会形态。例如：北美洲原始居民为印第安人，16 世纪，正在进行资本原始积累的西欧各国相继入侵北美洲，当时当地的原始居民还处在氏族公社阶段。到了 18 世纪中期，英国殖民主义者在北美大西洋沿岸建立了 13 块殖民地。1775 年北美独立战争推翻了英国殖民统治，北美 13 个殖民地独立，在北美建立了第一个资产阶级共和国。美国建立后，北部、南部经济沿着不同方向发展，南北矛盾日益加重。1861 年美国内战爆发，北方资产阶级获胜，废除南方奴隶制庄园经济。美国跨越了奴隶制社会和封建社会，直接过渡到了资本主义社会。美国或其他国家的历史发展虽然可以跨越一定的历史阶段，但它的跨越方向，总是和人类的总体历史进程是一致的。

其三，不同民族和国家社会形态转变时，呈现出多样性。这主要是由各个民族和国家自身的历史发展特点以及他们所处的时代的特点决定的。任何一个民族和国家都只能从自身的历史环境出发去创造历史。例如，1789 年法国大革命推翻了法国封建专制制度，处死了国王路易十六，确立了资本主义制度。同英国等国家的资产阶级革命相比较，其表现出彻底的反封建的资产阶级革命性质；而 17 世纪的英国资产阶级革命，则是通过 1688 年的所谓“光荣革命”，建立起土地贵族和大资产阶级联盟的君主立宪政权而告终。至于德国、日本、俄国等国家走上资本主义发展道路时，虽然都留有浓厚的封建残余，反封建都不彻底，但也都表现出自身所特有的不可替代的特点。

历史的统一性是历史发展的一般规律性和共性；历史的多样性是历史规律性的特殊表现，多样性是历史的普遍性格。人类的历史，是统一性和多样性的统一，其主要内容是：人类历史的统一性不是抽象的统一性，而是具有多样性的统一性；同样，人类历史的多样性不是杂乱无章的多样性，而是具有统一性的多样性。明确历史发展统一性和多样性的辩证关系，对于自觉坚持唯物史观有重要的理论意义和现实意义。

20世纪初，列宁在开创俄国社会主义道路时，坚持社会历史发展统一性与多样性的辩证法，明确指明社会主义道路具有多样性和民族性，以及不同的国家和民族如何以独特的形式表现出人类历史发展的普遍规律。列宁所阐明的不仅是科学社会主义发展中的重大理论问题，而且也是俄国社会主义革命进程中不可回避的实践问题。列宁说："在人类从今天的帝国主义走向明天的社会主义革命的道路上，同样会表现出这种多样性。一切民族都将走向社会主义，这是不可避免的，但是一切民族的走法却不会完全一样，在民主的这种或那种形式上，在无产阶级专政的这种或那种形态上，在社会生活各方面的社会主义改造的速度上，每个民族都会有自己的特点。"① 在走向社会主义道路时，造成"多样性"的原因是多方面的，主要包括当时所处的历史条件、国际环境的深刻变化，以及每一个国家政治、经济和文化发展的民族特点等。

唯心史观和形而上学割裂了历史发展的统一性与多样性之间的辩证关系，将两者对立起来，提出了不少谬论。例如，在西方思想界普遍流传的"欧洲中心论"。持这种观点的人认为，人类的文明起源于欧洲，自古至今，文明的中心始终在欧洲，因此世界的历史也应当统一于欧洲。15—17世纪，欧洲航海者哥伦布、达·伽马、麦哲伦等开辟新航路，长期被称为"地理大发现"。其实，美洲和绕过

① 《列宁选集》第2卷，人民出版社1995年，第777页。

非洲好望角通往印度的航路早就存在，并非是欧洲人的“地理大发现”，只是在15世纪之前欧洲人不知道罢了。欧洲人“不知道”的就等于“不存在”，可见“欧洲中心论”是多么荒谬。“欧洲中心论”的影响不仅在西方根深蒂固，而且广泛流传在欧洲以外的地区，包括在中国也时而沉渣泛起。自觉抵制“欧洲中心论”的消极影响，是摆在我们面前的现实任务。

4. 历史发展的必然性和偶然性

人类历史运动十分复杂，但历史发展始终是有规律的运动过程，是统一性与多样性的统一，同时也是必然性和偶然性的统一。这些不仅可以使历史运动的“复杂性”得到科学的解释，而且可以具体地揭示每一历史现象或历史过程的本质内容，特别是揭示蕴涵在历史表象背后的历史真理。

所谓“历史的必然性”，是指历史发展过程中内在的本质联系及其基本的发展趋向，亦即历史发展进程中的“每一个阶段都是必然的，因此，对它所由发生的时代和条件说来，都有它存在的理由”[①]，人类社会在某一历史条件下发展到某种状态是必然的。从这个意义上可以将历史的必然性理解为历史的规律性。例如，在原始社会末期，任何一个地区，其生产力逐步发展起来，都会促进相对剩余产品的出现，产品交换也就开始形成，这样就具备了产生私有制的经济基础。随着原始社会的解体，人类必然会进入私有制社会，这是

---

①《马克思恩格斯选集》第4卷，人民出版社1972年，第213页。

历史的必然性，也是人类社会历史发展规律性的具体体现。

一些人从唯心史观的立场出发，否认历史发展的规律性，认为历史没有任何规律可循，只不过是一系列偶然、偶发事件的堆砌。这种认识否认了历史过程或历史事件之间的内在联系，更看不到历史必然性和偶然性之间的辩证关系。他们所说的“偶然”和我们所说的“历史发展的必然性和偶然性辩证统一”中的“偶然”，没有丝毫相同之处。我们所说的历史发展的偶然性，是指历史发展过程中，非必然的或不确定的历史现象。它可以出现，也可以不出现；可以这样出现，也可以那样出现。但是，应该明确的是，即使是这种“历史发展的偶然性”，也有其产生的原因，而非完全是“纯粹的偶然因素”形成的历史现象。这里说的偶然性，是指历史必然性中的偶然性，或通过历史偶然性表现出的历史必然发生的内容。在世界历史进程中，这种情况并不鲜见。马克思曾说：“如果‘偶然性’不起任何作用的话，那么世界历史就会带有非常神秘的性质。这些偶然性本身自然纳入总的发展过程中，并且为其他偶然性所补偿。但是发展的加速和延缓在很大程度上是取决于这些‘偶然性’的……”①如果只承认必然性，否认偶然性，或将必然性、偶然性对立起来，那将陷入历史宿命论或机械决定论中，这些都与马克思主义的唯物史观风马牛不相及。

任何一个历史过程或历史现象，都包含着必然和偶然两个方面，必然性规律隐藏于偶然性实践之中，必然性要通过这样或那样的偶然性表现出来。凡存在偶然性的地方，其背后总是隐藏着必然

① 《马克思恩格斯选集》第4卷，人民出版社1972年，第393页。

性，偶然性是必然性的具体表现形式和必要补充，任何偶然性事件都不可能脱离必然性规律的支配。因此，必然性和偶然性是相互依存、相互作用的，它们共处于历史进程的始终。例如，1799年，法国督政府的统治内外交困，无力抵抗欧洲反法同盟的步步紧逼，处于风雨飘摇之中。法国大资产阶级维护他们的根本利益，在政局混乱、动荡时，迫切需要一个强有力的军事独裁者建立集权统治。正是在此背景之下，拿破仑发动雾月政变，夺取了法国政权，组成执政府，这是法国当时历史发展的必然。倘若不曾有拿破仑这个人，那么他的角色应该是会由另一个人来扮演的，可以说，由拿破仑来充当这一历史角色又具有偶然性。

古今中外，每一个历史事件都是偶然与必然并存，拿破仑1799的政变，虽然是一种偶然，但表面上看到的这种“偶然性”，始终是受内部的隐蔽的历史规律的“必然性”支配的。任何一个历史人物的产生都由时代造就，是时代的必然，也就是所谓“时势造英雄”。历史是偶然性和必然性的辩证统一。历史必然性是历史发展的一般规律和历史趋势；历史偶然性，是由历史主体对历史发展可能性的选择所引起的或然现象；历史正是在必然性与偶然性的辩证统一中不断向前发展。

唯心主义历史学家无限夸大偶然性在历史进程中的作用，他们只承认偶然性，不承认必然性，认为历史上发生的一切都是偶然的。还有人从英雄史观出发，认为英雄人物的出现也是纯粹偶然的，无法预言。总之，偶然因素是历史发展的决定性的因素。只有这样，才能接触到历史本身，否则将陷入到“极端神秘主义”中去。学习历史，要与这些错误的认识划清界限，还要切忌从一个极端跑到另一个极端，即只承认必然性，完全无视偶然性。当我们将历史发展的偶然性自觉地纳入整个历史发展过程，并通过历史的偶然性去发现必然性时，我们就一定能获得更具体更生动的历史的规律性认识。

学习或研究历史的主要任务，是在实证的基础上获得历史发展的规律性认识。但是，历史发展的规律性认识，亦即历史发展的必然性，是具体的、历史的。它不是预成的，而是生成的，而且马克思主义的创始人始终反对任何形式的永恒规律论。他们总是在具体的历史条件和特定的历史环境中谈历史的必然性，强调必然性总是通过大量的偶然性的历史事件表现出来的。因此，我们应该重视历史发展的偶然性，如果割裂必然性和偶然性的内在联系，是不会获得历史发展的正确认识的。

五、研究历史的方法

“工欲善其事，必先利其器。”这里的“器”，可以理解成“方法”。每一门学科，都有自己的“利器”，即自己独特的研究方法，历史学也不例外。李大钊说：“历史研究法是教人应依如何的次第方法去作史学研究的阶梯学问。”任何一部历史学作品的问世，都离不开一定的史学方法。史学方法不是抽象的而有着具体的内容，不同的研究历史的方法，反映了不同的历史观和不同的历史旨趣。因此，掌握一些研究历史方法的知识，对于学习历史是十分有益的。对历史研究方法的理论描述及理论概括，可称之为“史学方法论”。史学方法论和史学本体论、史学认识论，是现代史学理论的基本内容，三者之间的密切联系不可割裂。马克思主义史学方法的内容十分丰富，主要是详尽地占有史料，用阶级分析、历史分析与逻辑分析来研究历史。

1. 详尽地占有史料

历史学以人类社会复杂的发展过程及其规律性作为自己的研究

对象。历史真理和历史规律是客观存在的，但它们并不是先验地存在于人们的头脑中。研究者只有从事实出发，在详尽占有可靠的史料的基础上进行深入研究，才有可能形成正确的观点，历史研究离不开对史料的诠释和运用。史料不等于史学，也不能代替史学，但若离开了史料，史学就成了无源之水、无本之木。有价值、有生命力的历史结论，都离不开史料，都是“论从史出”。

详尽地占有史料，即详尽地占有可以认识、解释和揭示历史客观真理的诸多形式的史料。那么，史料都包括哪些具体的内容呢？首先应明确的是，第二次世界大战结束后，随着社会的发展和史学的进步，史料的范围在总体上表现出不断扩大的趋势。此外，现代科学技术的发展，使录音、录像、影视资料以及在计算机文化推动下产生的各种数据、网络文献等，都日渐纳入到史料之中。人类为认识自身生动、丰富的历史，提供了越来越多的有利的条件和手段。

在现代历史科学中，史料至少要包括以下内容：其一，实物史料，主要有历代先民的活动遗址，如我国北京山顶洞人遗址、意大利的庞贝古城遗址等。墓葬、墓穴是重要的实物史料，对于认识历史有重要的特殊的意义。随葬的物品对于科学认识逝者所生活的那个时代的历史具有重要的不可替代的意义。例如，20世纪70年代初，湖南长沙马王堆三座汉墓的发掘，有丝织品、漆器、竹木制品、陶器、粮食以及食品等千余种随葬物品出土，同时出土的还有一具外形基本完整的女尸。这些对于研究西汉初期的政治、经济、军事、文化、科技、农业生产和手工业生产，还有医药等方面都有极重要的价值，马王堆汉墓被认为是“一部用实物写成的西汉初期社会的百科全书”。对照以往的典籍记载，这些实物史料使人们对汉初的历史文化有了耳目一新的认识，更何况还有十余万字的马王堆帛书和竹木简有待解读。

其二，文献资料，这是史料中最重要的组成部分。我国古代学者将典籍按照经、史、子、集进行分类。“史部”即是关于历史的书籍，所收书籍2714部，37000多卷。其中包括历代封建王朝编纂的纪传体正史，即“二十四史”，共3249卷，约4000万字。[①]“二十四史”记述了自传说中的黄帝到明崇祯十七年（1644），长达4000多年的历史，这是研究中国历史最重要的典籍。此外，《尚书》《战国策》等古史类；《资治通鉴》《续资治通鉴》等编年类；《左传纪事本末》《宋史纪事本末》等纪事本末类；《太宗实录》《明实录》等实录类；《通典》《文献通考》等制度史类；《宋元学案》《明儒学案》等学术史类；《列女传》《高僧传》等纪传类；《禹贡》《山海经》《大唐西域记》等地理方志类；《越绝书》《贞观政要》等杂史类；《史通》《文史通义》等史评史论类；《十七史商榷》《二十二史札记》等史考类；《集古录》《金石录》《殷商贞卜文字考》等金石甲骨考证类著述，也都有一定的史料价值，成为研究或学习历史的重要文献资料。“集部”主要是关于文学方面的书籍，但其中的史学价值越来越被人们所认识。例如唐朝大诗人杜甫被尊称为“诗圣”，他的诗则被称为“诗史”。杜甫的1400多首诗，生动地反映了他生活的那个时代的政治、经济、军事和文化的风貌。他本身的遭遇，则生动地反映了唐朝历史的深刻变化。杜甫的诗作，施耐庵、曹雪芹的小说，都和司马迁的《史记》一样，具有重要的史学意义。

---

① 参见“史学概论”编写组：《史学概论》，高等教育出版社、人民教育出版社2009年，第5页。

在文献资料中，各种类型的档案文献和地方志，对历史编纂具有重要的意义。我国是一个十分重视档案文献的国家，早在商周时期就已经建立起国家档案制度，国家设立了专门的机构，对涉及国家政治、经济、军事、外交等方面的重大事宜，无不分门别类整理保管。私家档案的内容就更为丰富，信札、契约、账簿、文书、谱牒等都包括在内。我国有编写方志的优良传统，源远流长。所谓方志，就是记述地方情况的史志。我国古代有全国性的总志和地方性的府、州、郡、县志。总志如《山海经》《大清一统志》。以省为单位的方志称“通志”，如《山西通志》，省以下的府、州、郡、县，以及乡镇、寺观、山川等也多有志。一般认为，成书于先秦或两汉时期的《越绝书》可视为国内现存的最早的地方志，历代的方志，大多仿此。档案文献和地方志记载的内容丰富，流传的范围也广，对于撰写历史有重要的意义。因此历史学家在历史研究时十分重视对这方面的资料的收集和使用。

随着社会的发展，史料的数量不仅激增，而且内容也更加庞杂，因此史料的鉴别工作自然提上日程。如果对史料不加鉴别就去使用，肯定会在研究结论上出现这样或那样的问题。郭沫若说：“无论做任何研究，材料的鉴别是最必要的基础阶段。材料不够固然大成问题，而材料的真伪或时代性如未规定清楚，那比缺乏材料还要更加危险。因为材料缺乏，顶多得不出结论而已，而材料的不正确便会得出错误的结论，这样的结论比没有更为有害。”[①] 所以我们在进行史学研究前，第一步就是要对史料进行鉴别。那种不加分析地认

① 《郭沫若全集·史学卷》第2卷，人民出版社1982年，第3—4页。

为史料越多越好的说法，无论在理论上还是在研究实践中，都被证明是错误的。正确的观点是：在历史研究中占有可靠的、可信的史料越多越好。

鉴别史料的方法很多，但最主要的就是辨伪和校勘两种方法。辨伪，主要是指辨别史料的真伪，无论是一本书的真伪，抑或仅仅是一条史料的真伪，都属于辨伪的范围之内。梁启超在《古书真伪及其年代》一书中，将古代伪书分为10类，既包括全伪书，也包括部分内容不真的伪书。他在《中国历史研究法》中，概括出辨别伪书的12种方法，这些从研究实践中提炼出的方法，对于提高鉴别史料真伪的水平，是十分有意义的。印刷术发明前，古籍多是手抄本，唐朝发明雕版印书之后开始有了刻印版本。手抄或刻印，错误都在所难免。校勘，主要是指利用不同版本的古书和其他相关资料，对某一本书进行校对勘误，以发现和解决古书中存在的错误。现代著名史学家陈垣在总结自己校勘经验的基础上，著《校勘学释例》，提出对校法、本校法、他校法和理校法等“校勘四法”，在我国史学界有广泛影响。

2. 把问题提到一定的历史范围内

在分析任何一个社会历史现象时，唯物史观的绝对要求是把问题提到一定的历史范围内，不是从一般的范畴，而是从一定的历史范围考察，亦即用历史主义的观点具体问题具体分析。“历史主义”这个概念是西方历史学家首先提出来的，他们强调要理解历史事物的历史独特性，对历史要抱有客观的、尊重的态度，不应以人类自身的“理性”去作为裁判历史的尺度。他们还认为历史主义“完备客观的态度”描述历史，因时代、阶级和认知能力的局限，在实际上是做不到的。

马克思主义创始人批判地扬弃唯心主义的历史主义，形成了自己科学的历史主义。马克思主义的历史主义认为：一切历史过程和历史现象，都是历史的产物。进行研究时，要从产生这些过程和现象的条件出发；在分析任何一个社会历史问题时，都要把问题提到一定的历史范围之内；把人类历史理解成一个过程，从发展中考察一切历史现象。

马克思主义历史主义提出的前提，是承认历史既已成为“历史”，就已是“昨天”，不会再生，也不可能重构，而成为不以人的意识为转移的客观存在，同时在此基础上，将历史放在具体的历史时间和历史环境中，以此作为历史研究的出发点。一些西方历史学家持唯心史观的立场，从相对主义出发否认历史的客观存在。他们认为：历史是过去发生的种种事件的“知识”，是真相和想象的“混合物”，也就是事实和解释的“混合物”。这样，历史事实就可以随着不同历史学家的不同描述而发生改变，历史事实不过是历史学家想象的产物而已。这正如美国史学家卡尔·贝克所言：“历史事实就不是过去发生的事情，而是可以使人们想象地再现这一事件的一个象征。”“历史事实在哪里？不管听起来多么刺耳，我会不假思索地回答：历史事实在某些人的头脑中，不然就不存在于任何地方。”[①]这种观点在西方学术界影响甚广，同唯物史观没有丝毫相同之处。这表明，两种不同的历史主义，是建立在两种完全不同的历史观的基

① 张文杰等编译：《现代西方历史哲学译文集》，上海译文出版社1984年，第229页。

础上。

从历史主义出发，“马克思了解古代奴隶主，中世纪封建主等等的历史必然性，因而了解他们的历史正当性，承认他们在一定限度的历史时期内是人类发展的杠杆；因而马克思也承认剥削，即占有他人劳动产品的暂时的历史正当性；但他同时证明，这种历史的正当性现在不仅消失了，而且剥削不论以什么形式继续保存下去，已经日益愈来愈妨碍而不是促进社会的发展，并使之卷入愈来愈激烈的冲突中”[①]。马克思把奴隶占有制、封建制提到一定的历史范围内去研究，没有人为地拔高或者贬低它们。这是运用唯物史观，即马克思主义的历史研究方法得出的科学结论。

上述论述，有助于我们从历史与现实、理论与实践的结合上，加深对马克思主义历史主义的理解。首先，要将历史过程或历史现象放在特定的历史条件下，进行具体的分析，而不是脱离社会历史实际，从抽象的观念出发。因为任何历史现象的生成都是具体的，都是一定历史条件下的产物。例如，在如何理解中国共产党领导地位的形成时，我们不能脱离鸦片战争后，太平天国运动、百日维新运动、洋务运动，以及孙中山领导的辛亥革命相继失败的具体史实。正是在这样的历史背景下，人们才能真正理解中国共产党代表着中国历史的发展方向。中国共产党是中国人民根本利益的忠实代表，其领导地位是中国人民在长期比较中的选择，是近代中国历史发展的必然选择。

其次，对历史过程或历史现象要放在历史矛盾运动的过程中，

---

①《马克思恩格斯全集》第 21 卷，人民出版社 1965 年，第 557—558 页。

进行动态分析，而不是用僵化的、停滞的、静止的眼光去对待生动复杂的社会历史。世界上的一切都在运动、变化、产生和消失中。历史的发展是充满着矛盾的运动，历史的矛盾和斗争，推动着历史前进。历史上彼此更替的一切社会秩序，不过是人类历史进程中的一些暂时的阶段。前一个阶段是后一个阶段的准备；后一个阶段则是前一个阶段的结果。无论在哪一个历史阶段上，历史都是在运动、发展中的。例如，1949 年 10 月 1 日中华人民共和国成立，既是半殖民地半封建社会历史的终结，也是新民主主义国家政权的建立以及向社会主义过渡的开始。在中国共产党的领导下，中国人民先后在统一财经的基础上恢复国民经济、启动并提前完成第一个五年计划，提出过渡时期总路线，实行“一化三改”，确立了社会主义基本经济制度，制定了有中国特色的第一部宪法。这样，到 1956 年底，我国进入了全面建设社会主义新的历史时期。

再次，在历史发展进程中，任何历史过程、历史现象都不是孤立存在的。人类社会是一个复杂的有机的统一体，彼此相互联系，相互制约。只有坚持联系的观点，包括政治、经济、军事、思想文化、生态环境等多方面的联系，才能认清历史的本质内容，自觉地保持清醒的头脑。在历史研究中，最重要、最必须的是在任何时候，都不要忘记基本的历史联系。孤立地看待历史，往往看到的仅仅是皮毛和表象，有时甚至连皮毛和表象也看不到。只有将历史现象放在广阔的历史背景下，才有可能揭示历史表象背后深刻的历史内容。例如，1905 年俄国革命爆发后，民族民主革命席卷了整个亚洲，主要是 1905—1911 年的伊朗革命——成为亚洲被压迫民族觉醒的先声；1905—1908 年印度人民反帝斗争——迫使英国殖民当局再也不能像过去那样在印度统治下去；1911—1912 年初的辛亥革命——

虽然没有完成反帝反封建的民主革命的任务，但结束了统治中国几千年的君主专制制度，建立了中华民国，中国历史揭开了崭新的一页。伊朗、印度和中国的革命斗争都不是孤立的，这些革命斗争的“内在联系”，被列宁称为“亚洲的觉醒”。由这种“内在联系”所决定，亚洲三个国家的革命斗争实际上标志着20世纪东方民族民主革命时代的到来。此外，“亚洲的觉醒”的影响，也不仅限于亚洲，而是和欧洲无产阶级的革命斗争联系在一起的。正如列宁所说的那样，“亚洲的觉醒和欧洲先进无产阶级夺取政权斗争的开始，标志着20世纪初所开创的全世界历史的一个新阶段”[①]。1917年俄国十月革命的胜利，和十月革命后世界格局的演变，如欧洲革命运动和亚非民族民主运动的高涨等，充分证明了列宁的预言。

3. 阶级分析

在极左思潮影响下，一些人认为阶级分析方法是研究历史的唯一的方法。这种认识显然是错误的，因为这不仅和马克思主义经典作家的一贯论述相悖，而且在历史研究实践中也行不通。但是，从一个极端跳到另一个极端，以此就否认阶级分析是历史研究不可或缺的重要方法，同样也是错误的。所谓阶级分析方法，顾名思义，就是运用马克思主义阶级、阶级对立和阶级斗争观点，去观察和分析社会历史现象，揭示复杂的历史矛盾运动的本质。人类以往的历史，除了原始社会之外，都是阶级社会的历史。在阶级社会中，人

---

①《列宁专题文集·论资本主义》，人民出版社2009年版，第80页。

与人之间最本质的关系，就是阶级关系；阶级、阶级矛盾和阶级斗争是客观存在的事实，并贯穿于社会生活的各个领域。基于此，想离开阶级分析的方法去认识阶级社会的历史，显然是不可能的。

正确地运用阶级分析方法研究历史，必须对“阶级”这个概念有一个正确的理解。首先，阶级是一个经济范畴，也属于一定的历史范畴，阶级差别的基本标志，表现为不同阶级在社会生产、社会劳动组织中所起的作用不同，因而取得归自己支配的那份社会财富的方式和多寡也不同。阶级并不仅是一个单纯的“经济集团”，还是一个社会集团。历史研究中的阶级分析，不仅要考察一个阶级的经济地位，而且还应该考察这个阶级的政治立场和意识形态等等。只有这样，才能将其与特定的生产方式、经济结构联系起来进行研究，揭示政治斗争、思想斗争背后所隐藏的阶级的物质利益，并认清社会历史发展的规律性内容。

“一切历史上的斗争，无论是在政治、宗教、哲学的领域中进行的，还是在其他意识形态领域中进行的，实际上只是或多或少明显地表现了各社会阶级的斗争。而这些阶级的存在以及它们之间的冲突，又为它们的经济状况的发展程度、它们的生产的性质和方式以及由生产所决定的交换的性质和方式所制约。”[①] 因此，在复杂的、迷离混沌的阶级社会中，只有牢牢地以阶级划分的事实为基本的指导线索，才有可能透过历史的表象，从纷纭复杂、扑朔迷离的历史中认识到历史的真理，找到历史发展的真谛。

坚持历史研究中的阶级分析方法，首先要对史料内容的阶级性

---

①《马克思恩格斯全集》第 21 卷，人民出版社 1965 年，第 291 页。

进行分析和判定。在阶级社会中，文字史料大都含有这样或那样的阶级内容，即使是记录自然现象的史料，有时也在所难免。如要从“天灾”中找到“人祸”的根据，“自然现象”便被赋予了具有社会意义的属性。在阶级社会中，每个人的思想无不打上阶级的烙印，对于史料的搜集、整理，编撰者自然也会带有阶级意识。史籍在记录历史过程时，无论是选择的内容、叙述的方式，还是议论的内容，都渗透着一定的阶级观点。例如，近代封建地主阶级有关太平天国的史料中，对天平军的称谓，均是“贼”“匪”“逆”“寇”或“长毛”等。此外，在历代的官修正史有关农民起义的记载中，对起义军提出的“均贫富”“等贵贱”“均田免粮”“无处不均匀，无处不饱暖”等多语焉不详，对于封建压榨造成的“官逼民反”更是只字不提，而笔墨着力最多处则是污蔑起义军如何“吃人”，如何“杀人为戏”等。这些都鲜明地表现出这些史料的地主阶级属性，以及封建地主阶级对农民的仇视。

坚持历史研究中的阶级分析方法，切忌将“阶级分析”简单化、公式化，随意用“阶级矛盾和阶级斗争”剪裁历史，而应坚持实事求是的原则，一切从实际出发。马克思主义经典作家十分重视研究历史，是运用阶级分析方法研究历史的典范。例如，资本主义制度与封建制度相比，是一个历史的进步。在《共产党宣言》中，马克思、恩格斯充分肯定了“资产阶级在它的不到一百年的阶级统治中所创造的生产力，比过去一切世代创造的全部生产力还要多，还要大”①。判断一个阶级的历史功过的重要标准，是看它在当时对生

① 《马克思恩格斯选集》第1卷，人民出版社1972年，第256页。

产力的发展究竟起着什么样的作用。历史上的一些剥削阶级，在其刚刚走上历史舞台时所表现出的历史进步性质，也应该充分被肯定。毛泽东在论及对立统一规律、世界上一切事物无不具有两重性时曾说："历史上奴隶主阶级、封建地主阶级和资产阶级，在它们取得统治权力以前和取得统治权力以后的一段时间内，它们是生气勃勃的，是革命者，是先进者，是真老虎。"[①] 除上述论述之外，马克思主义经典作家在《家庭、私有制和国家的起源》《俄国资本主义的发展》《帝国主义是资本主义发展的最高阶段》等著作中，也都有类似的内容。

坚持历史研究中的阶级分析方法，对历史现象做判断时，必须直率公开地站在一定的阶级立场上，但是要避免片面性。例如，对历史上的剥削阶级的历史作用，既要看到它们在一定的历史条件下，为推动社会生产力发展所体现出的历史进步性质，承认它们的历史功绩；同时也要看到在历史矛盾运动过程中，剥削阶级逐步走向反面的历史过程。特别是要透过历史表象，分析剥削阶级的阶级本质。例如，资产阶级摧毁封建专制制度，建立资产阶级民主制度，推动人类文明的发展的丰功伟绩，并不能掩饰资产阶级原始积累时所表现出的龌龊、卑鄙和血腥手段，也掩饰不了资本来到世上，从头到脚，每个毛孔都滴着血和肮脏的东西这个事实。资本家阶级始终握有巨额资本，占有和瓜分劳动者的剩余劳动。今天，在经济全球化的新的历史条件下，社会生产力迅速发展，在某种程度上表现出资本主义具有的自我调适能力及潜力。但是，全球化并没有改变

---

① 《毛泽东文集》第 7 卷，人民出版社 1999 年，第 455 页。

资本主义国家的阶级关系，没有解决资本主义的基本矛盾，也没有改变资本主义的历史地位。

如何评价历史人物，是学习或研究历史经常要遇到的问题。在阶级社会中，没有超越阶级的人，历史人物总是一定阶级的代表，历史人物的活动归结为阶级的活动，要重视个人活动和阶级的关系。因此，在历史地、全面地研究和评价历史人物时，不可脱离阶级分析的方法。这就要求我们把历史人物放到整个社会历史发展过程中进行评价，通过历史的阶级的分析，看他们代表哪个阶级的利益，他们的思想、观点和行为究竟对谁有利，同时根据其历史活动看他们比他们的前辈提供了什么新的东西，从而判断他们的历史功绩。

例如，评价中国近代民主革命家、中国国民党创始人孙中山时，列宁认为他的“战斗的民主主义思想体系，首先是同社会主义空想、同使中国避免走资本主义道路、即防止资本主义的愿望结合在一起的”①。“孙中山的民粹主义的实质，是他的进步的、战斗的、革命的资产阶级民主主义土地改革纲领以及他的所谓社会主义理论的实质就在这里。”列宁还认为，当中国无产阶级政党“在批判孙中山的小资产阶级空想和反动观点时，一定会细心地辨别、保存和发展他的政治纲领和土地纲领的革命民主主义内核”②。列宁的上述论述，是他在近代中国和世界历史的广阔背景下，从历史事实出发，对孙中山革命生涯及他所献身的事业，进行实事求是的阶级分析后做出的。

---

①《列宁全集》第 18 卷，人民出版社 1959 年，第 154 页。

②《列宁全集》第 18 卷，人民出版社 1959 年，第 157 页。

4. 逻辑分析

历史研究离不开对历史过程、历史现象和历史人物的阐述，离不开对历史的分析，同时也离不开逻辑分析。逻辑分析是任何科学研究都离不开的认识工具，历史研究也不例外。历史研究中的逻辑分析，是在历史的实证研究的基础上，将诸多复杂的史料上升为概念性的认识，进而形成历史认识的理论体系，在理论与实践相结合的基础上，在实际研究的基础上做到“论从史出”，揭示历史发展的本质内容及规律性内容。在历史认识过程中，这是比一般的历史分析更深入的认识方法。

例如，1871 年 3 月 18 日，法国巴黎的无产阶级和人民群众举行武装起义，3 月 29 日，巴黎公社颁布法令，宣布“巴黎公社为唯一政权”，他们建立了人类历史上第一个无产阶级政权。资产阶级调集军队血腥地镇压了巴黎公社。5 月 27 日，5000 余名政府军围攻退守在巴黎拉雪兹神甫公墓的最后 200 名公社战士，这些战士全部牺牲。5 月 28 日公社失败后，国防政府未经审判将处决延续了一个多月，约有 2 万人未经审讯就被枪杀。公社方面死亡者约为 3 万人，被逮捕、监禁者约为 5 万人，流放、驱逐到法属太平洋岛屿的约 7000 人。

但是，历史研究仅仅有这些具体的、直观的、事实的描述还是不够的，而是应该在此基础上，进行逻辑分析，进行历史的价值判断，以揭示历史真理的本质内容。马克思在《法兰西内战》中强调，巴黎公社作为一种旧制度的超越形式，其意义在于它打碎了高度集权的国家政权，确立了现代共和制的基本原则，而共和制正是现代国家所要求的一种基本的组织原则。为了驳斥资产阶级对巴黎公社性质的歪曲，他还说："公社给共和国奠定了真正民主制度的基础。"[①]"公社的真正秘密就在于：它实质上是工人阶级的政府，是生产者阶级同占有者阶级斗争的结果，是终于发现的可以使劳动在经济上获得解放的政治形式。"[②]所有这些，都是马克思基于历史事实的逻辑分析的结果。历史的分析与逻辑的分析不是对立的，而是有机地统一在一起的。马克思曾深情地说："工人的巴黎及其公社将永远作为新社会的光辉先驱受人敬仰，它的英烈们已永远铭记在工人阶级的伟大心坎里。那些杀害它的刽子手们已经被历史永远钉在耻辱柱上，不论他们的教士们怎样祷告也不能把他们解脱。"[③]如何进行历史的逻辑分析？马克思堪称楷模，永远是我们学习的榜样。

逻辑分析亦即理论分析，通过一系列的概念、范畴，从繁杂的、具体的历史现象中，抽象出历史的本质内容，进行理论性的概括。逻辑分析的方法，主要有分析与综合、归纳与演绎、抽象与具体等方法。

分析的方法，就是分析事物的矛盾的方法。历史现象异常复杂，进行综合分析的前提，首先是要对历史的现象与本质、部分与全部、主流与支流等加以区别，分清历史发展中矛盾的普遍性与特殊性。综合的方法，是在分析研究的基础上，在宏观上进行整体性的综合研究。例如研究隋唐五代史，可通过分析的方法，对隋唐五代的政治、经济、军事、文化、对外关系等都有所认识，但是以此方

---

① 《马克思恩格斯选集》第 2 卷，人民出版社 1972 年，第 377 页。

② 《马克思恩格斯选集》第 2 卷，人民出版社 1972 年，第 378 页。

③ 《马克思恩格斯选集》第 2 卷，人民出版社 1972 年，第 399 页

法却难对隋唐五代整体的历史面貌有所把握。而要完成这个任务，需要在分析方法的基础上进行综合研究。例如，韩国磐先生著《隋唐五代史纲》，即是通过分析与综合的方法，在广阔的历史背景和宏观的历史视野下，对隋唐五代的历史进行了研究①，从而使人们对隋唐五代的历史面貌在整体上有了更深入、更全面的认识。

在历史研究的逻辑分析方法中，归纳与演绎的使用非常普遍，这主要是因为归纳与演绎是哲学社会科学研究中的普遍方法，在历史研究中也不例外。历史发展中诸多复杂现象，表面看似杂乱无章，实际上有着规律性的内容。例如，在历史的“个性”与“共性”、“特殊”与“一般”的联系中，通过“个性”与“特殊”，可以归纳出“共性”。所谓归纳，就是对表现为不同类史实的共同点进行归纳，找到其共性。例如，从原始社会到共产主义社会，社会形态从低级向高级的历史演变。同样，通过共性与一般，可以演绎出个性与特殊性。所谓演绎，就是从一般到特殊的认识过程。例如，以唯物史观为理论指导对不同民族、不同国家的历史进行研究，要从这些民族或国家的历史实际出发，进行实事求是的研究，要充分认识各自历史发展道路的多样性或特殊性，而不是从现成的公式出发，随心所欲地去剪裁历史。

---

① 韩国磐：《隋唐五代史纲》，三联书店 1961 年。该著作的主要内容是：隋朝建立后的政治改革及其统一事业；隋朝时的经济发展和封建剥削的加强；隋朝对边境各族关系的加强；隋朝的对外关系；农民大起义与隋朝的灭亡；唐朝的建立及其强化封建中央集权的国家机器；唐朝封建经济的繁荣、封建剥削的加重和农民的反抗斗争；唐朝和边境各族关系的进一步发展；唐朝的对外关系；安史之乱和方镇跋扈；唐中叶以来的农民起义；两税法和唐中叶以来的社会经济；唐中叶以来的朝政腐败和封建地主阶级内部的改革活动；唐中叶以来和边疆各族关系的发展；唐末地主阶级腐朽统治和黄巢大起义；五代十国的兴亡和契丹的崛起；五代十国的社会经济；隋唐五代的文化。

在历史研究的逻辑分析方法中，抽象与具体的方法主要是指从具体上升到抽象，再从抽象上升到具体的逻辑方法，这同样也是历史研究中经常使用的方法。历史研究的重要任务，是通过生动复杂，以至矛盾社会历史现象的研究，揭示历史发展的规律性，这个过程离不开具体的历史内容，但也不是停留在始终是广泛地搜集具体的史料的阶段，而是需要从“具体”上升到历史的“抽象”，即从具体的史料中抽象出历史的概念、理论和方法论原则。从具体上升到抽象的过程，也就是“论从史出”的过程。但是，仅仅完成从具体上升到抽象，还是不够的，这只是在历史认识的道路上迈出了第一步。马克思主义历史学家更重要的任务，是用正确的理论方法论，去研究人类各民族、国家、地区以及世界的历史，从历史发展统一性与多样性、必然性与偶然性、选择性的辩证关系中，揭示历史发展的规律性。

在历史研究的逻辑分析方法中，分析与综合、归纳与演绎、抽象与具体等方法相辅相成，密切联系。在不同的条件下从不同的视角，可加深对社会历史的理论描述和理论认识，在占有翔实的史料的基础上，通过逻辑分析使人们得到了更多的、更接近事实的历史的真理性认识。20 世纪以来，中外有不少史学名著在坚持一般的史学方法的同时，都生动地体现了逻辑分析的方法论原则。例如，郭沫若的《中国古代社会研究》、范文澜的《中国近代史》、英国艾瑞克 · 霍布斯鲍姆的《革命的年代》、英国爱德华 · 汤普森的《英国工人阶级的形成》、法国费尔南 · 布罗代尔的《菲利普二世时代的地中海和地中海世界》、马克 · 布洛赫的《封建社会》等都如是。

六、中国传统史学的优良传统

中国是一个历史悠久的国家，也是一个史学十分发达的国家。梁启超在《中国历史研究法》中说："中国于各种学问中，惟史学为最发达；史学在世界各国中，惟中国为最发达。……最迟至殷时必已有史官，则吾侪从现存金文甲文诸遗迹中可以证明。"[①] 我们今天学习历史的时候，了解一些中国传统史学的优良传统是十分必要的。中国传统史学，是中华光辉灿烂文化宝库中的一颗璀璨的明珠，其众多的史学大家、宏厚的精品力作、完备的修史制度，特别是求真求实、经世致用等进步的史学思想等，展示了中国传统史学的优良传统。这些不仅是博大精深的中华文明的光辉标识，而且对世界文明的发展，也做出了不可替代的伟大贡献。

1. 重视修史

大约 170 万年前，我们的祖先就开始劳动、生息在祖国的版图

① 梁启超：《中国历史研究法》，东方出版社 1996 年，第 11 页。

内。在长期的劳动中，他们的历史意识也逐渐萌生了。产生于原始时代的古代神话，即反映了我们祖先早期的历史意识，无论是创世神话，还是神祇神话、英雄神话都是这样。当时主要是口口相授，尚不能用文字记载下来，但是神话中所体现出的先人的历史记忆，对于人们了解原始时代的社会面貌和精神生活，却是十分宝贵的。如盘古开天辟地、女娲补天、夸父逐日、嫦娥奔月和英雄刑天、哪吒闹海等，至今仍表现出独特的中华文明的魅力。

我国古代典籍《左传》《山海经》《穆天子传》《楚辞》和稍后的《淮南子》，以及先秦的一些其他典籍等，都保存有大量的神话传说。这些神传说话叙事完整，内容丰富。如反映氏族生活的《神农尝百草》《燧人钻木取火》；反映与自然灾害做斗争的《后羿射日》《鲧禹治水》；反映部落战争的《黄帝战蚩尤》等。这些神话是中华民族特性的反映，这些神话传说虽是“脑记口述”“口耳相传”的产物，却有重要的史料价值。在文字产生之前，先人用结绳记事、刻木记事和象形记事等方法，以保存对往事的记忆，同样有这样的意义。

“史”字，是一个会意字，古代对“史”有两种不同的理解，或指对历史的记载，或指史官，只是在东汉以至魏晋以后，“史”字的含义才更多地指“历史记载”。尽管如此，我国学术界仍是把我国史学的萌生和史官的产生联系在一起的，即所谓“世有史官，以司典籍”。根据《后汉书》中的有关记载，史官的产生当在唐虞三代以前，如黄帝时有史官仓颉、沮诵，虞舜时有伯夷等。但是，也有人认为，中国史官的产生似更早，大抵和甲骨文的产生相距不远。透过甲骨文卜辞的宗教色彩，已经可以看到当时史官的职能和对史事的记载。史官产生于何时，是和如何认识我国悠久的修史传统密切联系在一起的。甲骨文出现后，相继出现了金石文字和竹帛等书写工具，此时对于史事的记载相较于远古的神话传说，已经发生了根本的变化。《尚书》《逸周书》和《诗经》中的《雅》《颂》等诗篇述事具体、清晰，可视为我国史书的雏形。

我国重视修史的表现之一，是自觉地将修史与社会发展结合在一起，赋予修史以具体的社会内容和社会意义。我国自上古以来，修史就从来不是空洞、抽象的学术，或仅仅是少数文人兴致所在的个人追求。例如，从秦统一全国到西汉中央集权多民族统一国家的建立，其间意识形态中的大一统思想，对中华文明产生了深远的影响，对历史纂修的影响同样也不可低估。

西汉时期的司马迁撰《史记》，这是我国第一部贯通古今的纪传体通史。司马迁生活在汉王朝经济繁荣、国势强大的时代。《史记》分为本纪 12 篇、表 10 篇、书 8 篇、世家 30 篇、列传 70 篇，计 130 篇（卷），52 万多字，叙述了从传说中的黄帝时代到汉武帝元狩元年（前 122）间共 3000 年左右的历史，对中国古代史进行了伟大的总结。《史记》的问世，首先是源于时代的呼唤，是适应新的时代、构建新的历史文本要求的辉煌成果。鲁迅先生在他的《汉文学史纲要》一书中高度称赞《史记》，称它是“史家之绝唱，无韵之离骚”。司马迁耗尽了他毕生的心血，用生命写成的《史记》，在我国史学发展史上具有划时代的意义。首先是建立起史学一门的独立地位。此后，规模宏大的纪传体例成为历代正史的通用体例，以实录著“信史”成为以后历代史家的信守和追求，此外，“序”“论”“赞”的史论形式和详近略远的撰史原则等，也日益对史学纂修产生了广泛的影响。

隋唐时期，中国结束了封建割据的混战局面。为加强中央集权和意识形态的统一，唐初开始设立史馆修史，自唐太宗贞观时期直至清朝世代沿袭，官方修史的形式已然制度化。唐朝史馆既修前朝史，也修本朝史。其主要成就是纂修了《梁书》《陈书》《北齐书》《周书》《隋书》《晋书》《南史》《北史》等8部纪传体正史，此外，还编修了本朝大量的起居注和实录。在《隋书·经籍志》中，明确地将诸多的书分为“经史子集”四部，并将纪传体史书定为“正史”，列为史部之首。由此可见官修正史已经普遍实施。盛唐时期，我国第一部史学评论的专著——刘知几的《史通》问世。《史通》共20卷，提出了系统的史学理论，对我国古代史学进行了全面总结。其主要内容是论述史书的体裁体例、史料采集、表述要点、著史原则、史官制度、史籍源流、史家得失等。刘知几是我国唐朝及以前史论的集大成者，他提出，只有具备“才”“学”“识”三长的人，才可称得上“史才”，这种观点至今仍有积极的现实意义。

北宋结束了中唐以来的长期混战，实现了国家统一，不仅恢复和发展了社会经济，而且也繁荣了学术文化。宋朝史学集以往史学之大成，将中国传统史学的发展推向高峰。宋朝继承发展唐官方修史的制度，建立起更为完备的官方修史制度。此时，中国古代的史官组织基本形成。元、明、清历朝的修史机构的功能和规模，均参照宋朝实行。宋朝史学名家辈出，如司马光、欧阳修、郑樵、李焘、李心传、袁枢、胡三省、马端临等。据《宋史·艺文志》介绍，宋朝问世史书有2147部43019卷，其中不少是对后世有久远影响的名著，如《资治通鉴》《续资治通鉴长编》《通志》《通鉴纪事本末》和《新唐书》、新旧《五代史》等。

司马光和他的助手刘攽、刘恕等历时19年编纂的《资治通鉴》，是中国第一部官修编年体通史，按时间先后记载了从战国周威烈王二十三年（前 403），到五代后周世宗显德六年（959），共 16 朝 1362 年的史实，全书共 294 卷，300 多万字。《资治通鉴》强调“鉴前世之兴衰，考当今之得失”，是中国古代著名的历史著作，曾有人称其为“此天地间必不可无之书，亦学者必不可不读之书”。《资治通鉴》详略得当、条理清晰，相比纪传体史书言简意赅，深入浅出，在学界引起广泛重视，推动了编年体史书的勃兴。在《资治通鉴》的影响下，《资治通鉴纲目》和《通鉴纪事本末》问世。《资治通鉴纲目》，朱熹生前未能定稿，由其门人赵师渊续编完成，共59卷。《资治通鉴纲目》创造了一种新的史书体裁，即“纲目体”。该书虽然采取编年形式，但每件事都分为“纲要”与“细目”两部分。先用醒目大字写出概括性的提纲，然后在其下以分注的形式详述细节，这样较编年叙事就更加清晰，在某种意义上可看作是编年体史书的发展。《通鉴纪事本末》开创以“事”为纲，即以事件为中心的本末体史书。该书对列入的每件事都详细叙述始末，并自为标题，由袁枢所撰，计 42 卷。这是我国第一部“纪事本末体”史书。这样就实现了我国史书编纂体的又一突破，出现了纪传、编年、纪事本末三足鼎立的体例，对后代史学的发展产生了重要的影响。

唐宋之后，中国历朝历代的史学发展与社会发展相适应，在不同历史环境中表现出不同的特点，但是重视修史的这个传统却从来没有改变。辽、金、元三朝是少数民族贵族建立起的政权，但是从不曾脱离汉民族先进文化的影响，民族融合和史学发展交融并行。辽、金、元继承了中国传统史学，特别是唐宋史学的传统，十分重视修史，同时又有民族和时代的特点，从而在整体上丰富了中国传统史学的内容。《辽史》《通鉴》《文献通考》《元典章》《元经世大典》《金史》《宋史》等，堪称这一时代有代表性的史著。约成书于

1240年的《蒙古秘史》，作者佚名，是中国史学上第一部全面记述蒙古族起源、发展和社会变迁、文化风俗、宗教信仰，以及政治、经济、军事、文化活动的史著，书中保存了蒙古族及中亚诸民族神话、传说、宗教信念和仪式、故事、寓言、诗歌、格言、谚语等资料，可以弥补《元史》的不足，史料价值极高。编写者从成吉思汗第二十二代祖先写起，至蒙古的第二代大汗窝阔台第二次西征止，约500年的史事。1989年6月，联合国教科文组织在巴黎召开的执委会第131次会上，就本书成书750周年通过决议，号召会员国对该书举行广泛的纪念活动。

清朝是中国历史上最后一个封建王朝，在康乾盛世或康雍乾盛世期间，社会稳定，经济迅速增长，疆域辽阔。但清王朝在17、18世纪全球大变局中制度僵化，闭关锁国，所谓“盛世”只能是“落日的辉煌”。这种特定的历史环境，决定了清朝修史的发展轨迹和具体内容。清朝有成就的史学家众多，一大批史学名著问世。这些史学家主要有顾炎武、黄宗羲、王夫之、王鸣盛、赵翼、钱大昕、崔述、章学诚，以及龚自珍、魏源、黄遵宪等。《明史》《会典》《古今图书集成》《四库全书》《十七史商榷》《二十二史札记》《二十二史考异》《文史通义》，以及《海国图志》《日本国志》等，在中国史学发展史上，都有重要的地位。乾嘉学派是清代史学的一个重要学术流派，该学派以对中国古代社会历史各个方面的考据而著称，使考据史学在清朝取得了独盛的学术地位。这一学派因在乾隆、嘉庆时期达到顶盛，故得名。乾嘉学派研究考证问题时，有明显的复古、泥古、脱离实际的倾向，但其重视客观资料，不以主观想象轻下判断的研究方法，表现出可贵的治学精神，给人们留下了深刻的印象。

2. 求真求实

历史著作不得虚构，贵在求真求实。这也是我国传统史学的基本要求，因为只有这样才有可能实现撰写出信史、良史的目标。先秦时一些秉笔直书的史家，他们为记录朝政发生的真实情况，不畏强权，不惜丢命也坚持字字求真。最著名的是晋太史董狐和齐太史兄弟，董狐不畏赵盾权势而书“赵盾弑其君”，史称“董狐直笔”。齐太史兄弟不惜牺牲生命，坚持直书“崔杼弑其君”。他们用生命自觉坚守历史记载的“求真求实”，开我国史学直笔传统的先河，成为几千年来中国古代史官的楷模，并在史学发展的实践中，熔铸成优良的史学传统。先秦时推崇“书法不隐的古之良史”，在客观上推动了历史记述“求真求实”原则的形成。

司马迁的《史记》，被当时的史家盛誉为“实录”的典范，虽然历代的世家对“实录”有不同的见解，但“实录”的基本精神却成为越来越多的人的共识，使其在史学实践中不断得到丰富和发展。无论是史料的考订和运用、历史事件或人物的评价，还是历史叙述时语言文字的表述，甚至史家感情色彩在著述中的传递，等等，都要体现出实录的精神，即求真求实的精神。对于史料，不可信的不取，有怀疑、一时难以断定的，则“疑则传疑，盖其慎也”，绝不随意附会。在历朝历代史学发展的长河中，“实录”成为史家撰史的基本特征，求真求实则是史家的基本学风和必备的素质。史家自觉地追求历史的真实，“实录”作为中国传统史学的优良传统，代代相传。

司马迁求真求实的精神，以及他的《史记》“实录”原则的意义，已经超出司马迁本人的史学活动，更重要的是这些为后世中国史学的发展树立了一个现实的榜样，使后代史家继承、弘扬中国传统史学的优良传统有了具体的内容。东汉著名史学家班固说司马迁“其文直，其事核，不虚美，不隐恶”，这既是他对司马迁“实录”内容的总结，也精辟地概括出在司马迁影响下中国史学发展的健康方向。

唐人刘知几著《史通》，这是中外史学发展历史上第一部史学评论专著。刘知几继承发展了两汉以来进步的史学思想，对传统史学进行了第一次理论总结。书中有“直书”专篇，第一次系统地从理论上对“直书”“实录”进行了全面的探讨和概括。刘知几明确地提出，史学家应兼备史才、史学与史识。所谓史才，既指才气，也指文才、文采；史学，主要指学识；史识，主要指义理。撰史要有“善恶必书”的精神，而才、学、识“三长”的前提，则是强调“直笔”，摒弃“曲笔”，在历史叙述中自觉做到“不掩恶、不虚美”，“爱而知其丑，憎而知其善”，以真实地反映出历史的面貌。刘知几认为，“夫史之叙事也，当辩而不华，质而不俚，其文直，其事核，若斯而已可也”。他强调史笔应“言词简质”“言必近真”；“文皆谐实，理多可信，至于悠悠饰词，皆不之取”。总之，“实录直书”成为史学的基础，是史学的基本原则，既是它的出发点，也是它的归宿。

刘知几论述了直书的传统及其意义，将“求真求实”这一在撰史实践中普遍认同的价值准则，上升到理论方法论的高度，进一步阐述并强化了历史研究的“直书”，认为史家只有具有仗气直书、不避强御、不避灾祸的能力和品德，才能写出信史、良史来。这对中国史学坚持和弘扬积极进步的直书、实录史学原则，无疑有十分重要的意义。

历代史家编纂历史时十分重视鉴别史料，为保证史料的可靠性，大多重视实地考察和金石实物的佐证。司马迁在这方面可称典范。他撰史时注重收集宫廷档案，同时也注重实地考察，以勘辨真伪。《史记·秦始皇本纪》记载了秦始皇出行封禅时的刻石，共记载了始皇五次刻石，石刻的内容都是实地考察后原文征引，因此有重要的史料价值。以金石佐证史料的方法，为秦汉以来历代史家所尊奉，成为中国史家追求历史真实的自觉行为。宋代史学家郑樵认为，金石等实物经久不变，是考订文献的最好佐证。他十分重视用金石等实物考订史实，这不仅扩展了史料的范围，而且使还原历史的真实性有了可能。

郑樵批评一些人“只知泥古而不知有今，只知拘守而不知变化”，强调“诗书可信，然不必字字可信”，更不能无视事实而“空言著史”。为了获得历史的真相，郑樵主张深入实地观察和采访，主张书本理论与田野实践相结合。为了考察动植物，他“结茅夹漈山下，与田夫野老往来，与野鹤晓猿杂处，不问飞潜动植，皆欲究其情性”。这样就保证了郑樵的历史著述字字句句都言而有据。他的代表作是巨著《通志》，后人称其为世界上最早的一部百科全书，共200卷，分传、谱、略三部分。梁启超称赞他说：“宋郑樵生左（丘明）、司（马迁）千岁之后，奋高掌，迈远跖，以作《通志》，可谓豪杰之士也。”此评价将郑樵的史学成就和他的史学方法直接联系在一起。

如果说唐宋是中国传统史学发展的鼎盛时期，那么此后却开始走向衰微，这个过程和中国封建社会发展的历史进程大体相当。元明时期，笔记文集、游记、私人撰史等发展起来。这些史著有不少缺陷，特别是“轻听而多舛”，但是也不能一概而论。例如明末张岱收集整理了大量明朝史料，视修史为其生命，他隐居山村，在艰苦的条件下着手编撰一部纪传体的明朝历史，前后历经27年完成。该书稿名《石匮书》（亦名《石匮藏书》），上启洪武，下止天启，220卷，由本纪、志、世家、列传四大部分组成，集中体现了传统史学的优良传统。如其在《石匮书·自序》中所说，撰写书稿时“事必求真，语必务确。五易其稿，九正其讹，稍有未核，宁缺勿书”。《石匮书》因崇祯朝无“实录”和“起居注”，材料不全，所以张岱宁可空缺也不作，以避免自己的史著出现讹误。直至康熙初，他看到崇祯朝的大量史料后，才补写了崇祯朝纪传和南明史事，补写成书后称《石匮书后集》，63卷，计分本纪3卷、世家3卷、列传57卷。

后人赞誉张岱的《石匮书》“求真”“求实”时，常将其和明末清初的大史学家谈迁的《国榷》相提并论。谈迁呕心沥血30余年，历尽艰辛编撰出500余万字的明朝的编年体史书《国榷》。他对史料注重考订精审，敢于直书《明实录》避而不谈的一些重要史实，从不隐瞒自己观点；他还遍访前朝遗老、皇室、宦官、降臣等，保证了《国榷》历史叙述的翔实、可靠。《国榷》对了解明史具有重要的参考价值。实际上，张岱的《石匮书》比谈迁的《国榷》是胜出一筹的。张岱“求真”“求实”的目的性非常清楚，是要从真实的历史事实出发，去总结明亡的过程及原因。

清乾嘉史学主要是指乾嘉考证史学，王鸣盛、赵翼、钱大昕等乾嘉史家对典籍进行了大量的校勘、辨伪、辑佚、补正和考订等，取得了不少的成就，但同时也出现了诸如逃避现实、一头埋进故纸堆等弊端。在清朝乾嘉考据史学盛行时，如梁启超所言章学诚为“乾嘉后思想解放之源泉”①。章学诚针对过分强化音韵训诂、名物考据，把考据当作一切，以及空谈义理等禁锢学术思想发展的倾向提

① 梁启超：《清代学术概论》之十九。载《饮冰室全集》第8卷，中华书局1989年，专集之三十四，第50页。

出批评。他在其代表作《文史通义》中，强调“做史贵知其意，非同于掌故，仅求事文之末”。而要做到这一点，史家必须要有“德”。为此，他在《文史通义》中专门写了《史德篇》。章学诚在刘知几提出的史家三长“史才”“史学”“史识”的基础上，补充提出了“史德”。所谓史德，是指史家的学术品德，即要求史家要尊重客观事实，秉笔直书，“善恶褒贬，务求公正”，真实地反映历史面貌。为了避免史家“似公而实逞于私，似天而实蔽于人”，章学诚强调史家要忠于客观史实，自觉排除史家著史时受个人主观好恶因素的影响。

自先秦以来，中国史学经历了漫长的发展道路。在不同的历史时代、不同的历史环境中，传统史学表现出不同的内容、不同的特点。但是从整体上看，历代的史官、史家忠于职守，冒死以据实直书、求真求实的精神，已在岁月沧桑中凝练成中国史学的基石。受时代的局限，史学“直书”没有科学的历史观和方法论的指导，它的不彻底性等问题毋庸讳言。但是，中国传统史学已形成了崇尚求真求实的优良传统，成为中国文化的有机组成部分，这在任何时代都为人们所敬仰，并影响到近代和现代的中国史学。

3. 经世致用

中国古代的史家，把经世致用作为自己史学活动的自觉追求，努力通过总结历史经验，获取历史的教训或启迪。中国传统史学自其远古萌生的时候起，就鲜明地表现出经世致用的特点。据《尚书·周书》记载，周公十分重视总结历史经验，提出“我不可不监（鉴）于有夏，亦不可不监（鉴）于有殷”，指出周能替代殷的原因，是“明德慎罚”。只有记住历史的教训，才能像夏朝那样久远。这一时期的史书除《尚书》外，还有《逸周书》和《春秋》等。一般认为，《春秋》的作者是孔子，其“经世”特点十分明显，如重视历史的“鉴戒”作用，讲究“微言大义”“属辞比事”，人称“春秋笔法”。孟子曾说：“孔子成《春秋》，而乱臣贼子惧。”[①]这里不排除有夸大的成分，但仍可看出史学的社会作用。荀子要求撰写史书要“远略近详”，这种要求和史学对现实的关注是一致的。这里的“近详”，自然是指近现代的历史。

司马迁在给友人任安[②]的复信中，称自己撰写《史记》的目的是“网罗天下放失旧闻，略考其行事，综其终始，稽其成败兴坏之纪”“欲以究天人之际，通古今之变，成一家之言”[③]。这表明，司马迁继承并发展了春秋战国时期著史以垂训、彰善、鉴戒为目的的观点。撰写历史并不仅仅是对历史过程的描述，而在于要提出一家之言，“述往事，思来者”，即博古通今、承古开今、以古鉴今，通过对历史的回溯，表达对现实的关注和诉求。顾炎武称《史记》的特点是“寓论断于叙事”，所谓“论断”亦即判断，特别是历史的价值判断，这实际上也是秦汉以来中国史学发展的特点。历史叙述不单纯是对历史过程的描述，“欲知来，鉴诸往”“以史为鉴，可以知兴替”等，成为历代史家的共识。

三国两晋南北朝时期，是中国历史上分裂割据时期（晋有短期

---

① 孟轲：《孟子·藤文公下》。参见《孟子》，中华书局2006年，第138页。

② 任安，字少卿，司马迁的友人，曾任益州刺史、北军使者护军等职，生卒年不详。司马迁的名篇《报任安书》是写给他的一封回信。

③《汉书》卷六二《司马迁传》。参见《二十五史》卷一，上海古籍出版社、上海书店1986年，第254页。

统一），也是中国传统史学的兴盛时期。其原因除史学自身的发展、私家修史的兴起、造纸技术的改进使纸张逐渐替代了竹简之外，还有一个更重要的原因，则是时代使然。这一时期阶级矛盾、民族矛盾空前尖锐，社会动荡，皇朝更迭频繁。这都促使统治阶级比任何时候都更加关注历代兴亡成败的经验、教训和启迪，希望借助历史的智慧，以维持自己的长治久安。在这种特定的历史环境中，中国传统史学经世致用的传统，被史家赋予新的时代内容，皇朝史的研究高潮迭起，推动了史学的发展。

西晋史学家陈寿历经10年撰述《三国志》，这是一部记载魏、蜀、吴三国鼎立时期的纪传体断代史。其中，《魏书》30卷，《蜀书》15卷，《吴书》20卷，共65卷，完整地记叙了秦汉大一统皇朝崩溃后，三国鼎立，自汉末至晋初近百年间中国由分裂走向统一的历史全貌。《三国志》是二十四史中的前四史之一。史学界把《史记》《汉书》《后汉书》和《三国志》合称前四史，视为纪传体史学名著。有论者认为，《三国志》是三国分立时期结束后文化重新整合的产物。该著作的主要优点，是对中国分裂时期的历史有一个总揽全局的把握，清晰地描述了中国由分裂走向统一的历史发展趋势。还有人称陈寿有良史之才，这种“才”首先是史学的“经世致用”之才。他经历了中国由统一到分裂，又走向统一的整个历史过程，这使他对中国历史大势的发展有更多、更深刻的思考，同时对史学的经世功能有更具体、更深切的理解。

三国两晋南北朝时期，史学与国家政治生活的关系更加密切。如果说以往“曲笔”的出现是政治的需要，而现在则出现了一个新的问题，即“直书实录”同样也是政治的需要。直书实录可以更好地实现鉴戒现实的作用，从而引领社会风气。这个要求在此之前即已存在，只不过在此之后，变得越来越明确。这样，史学经世致用的内容越来越具体，越来越丰富。经历代史家的理论阐述和著史时的实践，“经世致用”作为中国传统史学的优良传统代代相传，成为先进的中国文化的重要组成部分。唐刘知几说：“史之为用，其力甚博，乃人生之急务，为国家之要道，有国有家者，其可缺之哉？”[①]这里将史学和治国安民、治国理政联系在一起，这在当时已经成为史家和社会的共识。生活于南北朝时期的刘勰，是著名的文学理论家，而非史家，但他对史学和国家盛衰兴废的关系，却有明确的认识。他说：“唐虞流于典谟，商夏被于诰誓。洎周命维新，姬公定法，紬三正以班历，贯四时以联事。诸侯建邦，各有国史，彰善瘅恶，树之风声。”[②]在他看来，诸侯建国都撰有自己的国史，用以表彰好的，批判坏的，树立良好的风气，这就是历史记载的重要的作用。

北宋司马光为“鉴前世之兴衰，考当今之得失”，主持撰修《资治通鉴》294卷，将有关“国家盛衰、生民休戚”的内容重点收录，目的是通过总结历史经验，为现实社会服务，从而使该著作“嘉善矜恶，取是舍非，足以懋稽古之盛德，跻无前之至治，俾四海群生，咸蒙其福”。这就是说，通过历史这面镜子，扬善弃恶，使社会发展达到前所未有的“大治”。这样，就不难理解为什么有人称司马光的历史观是“鉴戒史观”了。

《资治通鉴》最初书名是《通志》，因宋神宗认为该书“鉴于往事，有资于治道”，而钦赐此书名。在某种意义上也可以说，《资治

① 刘知几：《史通·史官建置》。

② 刘勰：《文心雕龙·史传》。

通鉴》是在宋神宗的支持下完成的。对现实而言，《资治通鉴》的内容“善可为法，恶可为戒”，事关国家兴衰，民族兴亡，不仅对人君、人臣有警示作用，而且产生了更广泛的社会影响。如南宋胡三省在《新注〈资治通鉴〉序》中所言：“为人子而不知《通鉴》，则谋身必至于辱先，作事不足以垂后。”由此可见一斑。

在中国史学发展的历史上，明末清初，直至清晚期是中国史学发展的重要阶段。这是一个学术思想特别活跃的时代，历史学也不例外。社会思潮与史学思潮相互激荡，产生了不少前所未有的新问题。除历史编纂学之外，历史地理学、历史考证学也得到发展，扩大了人们的历史认识视野，丰富了历史学的社会功能。茅元仪、谈迁、陈子龙、黄宗羲、顾炎武、王夫之，以及顾祖禹、唐甄等，在弘扬、践行史学的经世致用方面，都有重要贡献。此外，清著名学者王世贞、李贽、章学诚、龚自珍等，也提出了不少极有价值的见解。

茅元仪生于浙江吴兴一个书香之家，自幼勤奋好学，尤其喜欢读“兵农之道”，成年后熟悉用兵方略，曾任经略辽东的兵部右侍郎杨镐幕僚，后为兵部尚书孙承宗所重用。崇祯二年（1629），因战功升任副总兵。他汇集兵家、术数之书 2000 余种，历时 15 年，在天启元年（1621）辑成《武备志》240 卷，图 738 幅，这是中国古代字数最多的一部综合性兵书。《武备志》由兵诀评、战略考、阵练制、军资乘、占度载五部分组成，内容围绕武备问题展开，取材十分丰富。如战略考 33 卷，以时间为序，从战略的高度选录了从春秋到元各代有参考价值的六百余个战例。阵练制 41 卷，分阵、练两部分。阵，载西周至明代各种阵法，配以 319 幅阵图。茅元仪撰《武备志》，痛斥当时的士大夫不习兵事，遇有战事就惊慌失措，束手无策，意在表达他加强武备，富国强兵等思想，这对改变明末重文轻武、武将多不知兵法韬略、武备废弛等状况有一定的现实意义。

顾祖禹是江苏无锡人，以毕生精力前后历时三十余年，约在康熙三十一年（1692）前，编著成130卷、280万字的《读史方舆纪要》，附《舆图要览》4卷。这部著作综记“山川险易，古今用兵战守攻取之宜，兴亡成败得失之迹”，具有浓厚的历史军事地理学特色，其核心在于经世致用，阐明地理形势在军事上的战略价值，“其深思远识，在语言文字之外”。梁启超认为此书“实为极有别裁之军事地理学”“其著述本意，盖将以为民族光复之用”[①]。不仅如此，该书还包括河渠、食货、屯田、马政、盐铁、职贡等历史自然地理和历史经济地理的内容。《读史方舆纪要》是历史地理学的奠基之作，被誉为数千年绝无仅有的“千古绝作”“千古奇书”，是研究中国军事史、历史地理的重要文献。直到今天，它仍然是历史地理研究工作者的重要参考书。

王世贞倡导文学复古运动，认为“文必秦汉、诗必盛唐”，史学方面有《弇山堂别集》100卷，是一部较完整的明代史料汇编。他认为，“天地间无非史而已”。君子贵读史，而史贵直书，否则史学就无法发挥“惩恶扬善、教戒世人”的经世作用。为此，他曾撰《史乘考误》，对官修史书、野史等史著中的讹误一一考订。李贽表现出鲜明的进步历史观。他蔑视《六经》《论语》《孟子》等经典，强调“不以孔子是非为是非”；他还反对历史保守主义，主张“与世推移”的历史发展观。李贽认为，虽然孟子早就提出“民为贵，

① 《中国近三百年学术史》，中华书局1943年重庆重排初版，第318页

君为轻，社稷次之”的主张，但这在历朝历代始终是一句空话。李贽针对此提出“天之立君，本以为民”的民本思想，关注社会现实。章学诚针对史学撰述中的空泛、冷涩，只知古而不知今、严重脱离现实的倾向，强调学术固期于经世也，得一言而致用，愈于通万言而无用者矣。章学诚和黄宗羲都是“浙东学派”的代表人物，梁启超认为该学派自成系统，堪称清代史学界的楷模。章学诚继承、发扬了黄宗羲历史研究必须经世致用的思想，提出“六经皆史”，认为编撰历史，必须具有“史意”，不能脱离“经世”，反对言古必胜今的论调。

清代后期，中国社会发展处在深刻变革的前夜，史学重开经世致用的新风。清末思想家龚自珍的《尊史》和《古史钩沉论二》等著述，主张经世致用、学术要为现实政治服务，在史学“新风”中有广泛影响。他呼吁“尊史”，认为史学和民族兴衰、国家兴亡密切相关，所以“欲知大道，必先为史”，“灭人之国，必先去其史”。龚自珍认为史官是“职语言、司谤誉”的社会的喉舌，由此可以引申为史学所担当的社会使命和责任。他认为“周之世官大者史。史之外无有语言焉；史之外无有文字焉；史之外无人伦品目焉。史存则周存，史亡而周亡”[①]，此论述进一步阐述了他的史学经世致用思想。龚自珍深刻认识到西方列强侵华造成的严重的民族危机，在《阮尚书年谱第一序》中指出“近惟英夷，实乃巨诈，拒之则叩关，狎之则蠹国”。面对社会现实，他不是空言史学经世致用之功效，而是身体力行，潜心于西北边疆史地和东南沿海的研究。他撰写《蒙古

①《中国近代思想家文库·龚自珍卷》，中国人民大学出版社2015年，第154页、第155页、第256页。

图志》，写《西域置行省议》和《东南罢番舶议》，主张抵抗外国资本主义侵略和巩固西北边疆；杜绝鸦片泛滥，加强武装抵御列强军事侵略。面对时代的危机，龚自珍警醒世人应以史为鉴，并开风气之先率先开展边疆史地研究，赋予了中国史学经世致用的新的时代内容。

鸦片战争后，中国逐渐成为世界资本主义的商品市场和原料供给地，开始沦为半殖民地半封建社会。中国和世界政治经济的联系已经无法分离，一些先进的知识分子开始“睁眼看世界”。近代中国世界历史编纂的先行者是林则徐和魏源。19 世纪中叶，林则徐编译的《四洲志》，较完整地介绍了亚非、欧美四洲 30 多个国家和地区的史地、文化、民族和宗教等。魏源在林则徐被清廷以“别生事端、误国病民”的罪名谪戍伊犁时，接受林则徐的嘱托，在《四洲志》的基础上，补充了大量文献编成《海国图志》，使闭塞已久的中国人有了全新的世界和世界历史概念。《四洲志》和《海国图志》至今在海内外被公认是“影响中国近代历史”的名著。林则徐和魏源率先摒弃“天朝上国”的拘囿，力主“师夷之长技以制夷”和救亡图存，他们将自己的著述和民族命运相联系，彰显了自觉的社会担当。

中国史学的发展和时代的脉搏一起跳动，不曾脱离时代的主题。19 世纪末 20 世纪初，资本主义过渡到帝国主义阶段。帝国主义列强已基本把世界分割完毕，世界土地总面积的三分之二已沦为殖民地，总人口的 56% 已沦于殖民压迫之下。随后，帝国主义列强之间就不可避免地展开了重新分割世界的斗争。20 世纪初，梁启超倡导进化史观，发起了与中国社会发展、与时代精神相关的“史界革命”。他认为当时中国史学的陈腐和落后，已成为阻碍中国社会进步的重要原因之一。因此，“史界革命不起，则吾国遂不可救”，不能立于世界之林。他将是否为全体国民写史，是否撰写全体国民的历史，以及史学是否关乎国家的兴亡作为是否科学治史的依据。至此，中国史学的经世致用，在内容和形式上都揭开了崭新的一页。在“新史学”的旗帜下，中国史学的发展进入了一个新的历史阶段。

七、中国世界史研究萌生

18世纪末，清王朝国势日趋衰微，处于“大变局”的前夜，而欧美资本主义在迅速发展中。“掠夺”是西方列强对华关系的基本原则，到19世纪中叶，中华民族“亡国灭种”的危险不断加剧。以林则徐、魏源等为代表的有识之士，开始“睁眼看世界”，这是时代的呼唤，中国的世界史编纂正是从这时开始的。它是中华民族危机日趋加深催生的产物，“救亡图存”是其担当的时代使命。中国的世界史研究自萌生起，就和时代的脉搏一起跳动，尽管不同的时代有不同的内容，也不可能逾越时代的局限，但这一特点却始终延续下去。

1. 睁眼看世界

马克思在论述资本积累过程中的“原始积累”时，曾指出：“关于基督教殖民制度，有一位把基督教当作专业来研究的人，威·豪伊特曾这样说过：‘所谓的基督教人种在世界各地对他们所能奴役的一切民族所采取的野蛮和残酷的暴行，是世界历史上任何时期，任何野蛮愚昧和残暴无耻的人种都无法比拟的’。”[①] 马克思还认为，英国对中国的鸦片战争等“商业战争”，是资本主义在美洲杀戮土著、在非洲贩卖黑奴、对东印度进行征服和掠夺的继续。英国的东印度公司不仅拥有商业强权，而且也拥有军事的和领土的强权，长期垄断英国对中国的贸易，直到1833年才被取消。此后，英国和西方列强的资本更广泛地进入中国，封建的中国已日暮途穷，中华民族面临着越来越严重的危机。

鸦片战争爆发前，列强意在中国争霸，已经开始引起了人们的重视。例如在19世纪30年代，俞正燮编撰有《俄罗斯事辑》《俄罗斯长编稿跋》；萧令裕撰有《英吉利记》等，主要是记叙中俄关系和中英贸易的历史。1839年3月至1840年11月，林则徐在广东主持禁烟期间，为了解西方列强的历史与现实，大量收集外国人撰写的报刊书籍，在不长的时间内编译出大量的外文资料，成为近代中国“睁眼看世界的第一人”。他根据英国学者慕瑞所著《世界地理大全》，亲自润色、评述，编译成《四洲志》，较完整地介绍了亚洲、非洲、欧洲和美洲30多个国家和地区的历史、地理、政治、经济、文化、民族、民俗以及宗教等等。《四洲志》开风气之先，是近代中国第一部系统论述外国史地的志书，被公认为是影响中国近代历史进程的名著之一。《四洲志》并非是简单的史地资料汇编，而是在编撰的过程中画龙点睛，不时加入编撰者自己的见解，这些文字或多或少地表达了编撰者的观点，给人以深刻的启迪。如编译到美国（书中称“育奈士迭国”，部落联邦之意，即美利坚合众国）的相关

---

①《马克思恩格斯全集》第44卷，人民出版社2001年，第861页。

内容时，将美国的联邦制与中国封建的郡县制进行了比较，书中写道："传闻大吕宋开垦南弥利坚之出，野则荒芜，弥望无人；山则森林，莫知矿处；壤则启辟，始破天荒。数百年来，育奈士迭遽成富强之国。足见国家之勃起，全由部民之勤奋。故虽不立国王，仅设总领，而国政操之舆论，所言必施行，有害必上闻，事简政速，令行禁止，与贤辟所治无异。此又变封建、郡县官家之局，而自成世界者"。[①] 林则徐的这些认识，表明其不愧是近代维新思想的先驱。

1840 年开始的中英鸦片战争彻底暴露了清朝封建制度的腐败，中国被迫签订丧权辱国的《南京条约》，逐步沦为半殖民地半封建社会。在朝野震动、举国上下深感奇耻大辱的同时，一些人开始重视对世界历史与现实的了解，以寻求拯救民族危亡的道路。上层统治阶级中的一些人也急切地开始探索世界大势，企图从中求得"御夷之策"。这股新思潮由知识界开始，逐渐成为有影响的社会思潮。中国人民迫切要求了解世界的风云变幻及历史渊源，寻求富国强兵的道路。内忧外患加快了进化史观在中国的传播，出现了第一次研究外国史地的高潮。这不仅冲击了当时学术界沉闷的局面，为中国史学的发展开拓了新的视野、新的局面，而且在介绍和输入西方近代思想文化方面起了重要的桥梁作用，对中国近代思想史和史学史的研究产生了深远的影响。

1841 年 6 月，林则徐在被发配到新疆伊犁的途中，在京口（镇江）与魏源相会。魏源，字默深，湖南邵阳金潭人。魏源一生经过了乾、嘉、道、咸四朝，这一时期正是中国由封建社会转变成半殖

---

① 林则徐：《四洲志》，华夏出版社 2002 年，第 155 页。

民地半封建社会的深刻的变动时期。魏源敏锐地认识到，鸦片战争的失败是中国社会“大变局”的开始。1842 年《南京条约》签订后，魏源在悲愤之际完成了 40 余万言的《圣武记》，回顾鸦片战争之前清朝的历史，更重视如何从战败中汲取教训。他逐渐认识到，今日的西方国家，特别是英国，已经不是历史上落后于中国的“夷狄”，应该承认他们的长处，同时也承认自己的落后，然后向他们学习，使自己的实力增加，不再受西方列强的凌辱。正是在这种认识的基础上，逐渐形成了“师夷长技以制夷”的思想。魏源所说的“师夷”，并非仅指学习西方的工艺、科技等先进的科学技术，也包括学习西方的思想文化。

魏源接受林则徐的嘱托，在林则徐编译《四洲志》和《澳门月报》等资料的基础上，补充了大量新的文献资料，编成《海国图志》50 卷本，1843 年 1 月刻印于扬州。这是中国第一部有关世界史地的著作，揭开了近代中国世界史地研究的崭新一页，其内容使闭塞已久的中国人开始有了全新的世界概念。该书也是亚洲最完备的介绍世界各国史地知识的巨著，不仅对中国，而且对中国周边国家也产生了深刻影响。

《海国图志》50 卷本约 57 万字，其中地图 23 幅，洋炮插图 8 幅。与林则徐 8 万多字的《四洲志》相比，内容有了明显的增加。如魏源在《海国图志·原叙》所说，与《四洲志》相比较，东南洋、西南洋扩增了十分之八；大小西洋、外大西洋增十分之六，而且加上图表以为经纬。《海国图志》包括世界各国的地理、历史、政治、经济、军史、科技，以及宗教、文化、教育、风土民情等等，在上述诸多内容中，英国的内容明显比其他国家要多。这可能与英国是鸦片战争的主角有关。后又经过两次增订，为 1847 年的 60 卷本（60

余万字），和1852年的100卷本（88万字，地图75幅，各种插图64幅）。100卷本《海国图志》的突出特点是对地图的重视，为人们留下了宝贵的世界历史地图的文献资料。

魏源在历史研究中倡导“经世”精神，力主“史”与“治”相结合，关注国家与社会发展中的现实问题。中国史学经世致用的优良传统，在《海国图志》中多有体现，如书中述及菲律宾、印尼亡国，越南、缅甸抵御外敌，以及日本的崛起等时，无不结合中国当时的现状，无不具有直接的借鉴意义。他说：“夷教夷烟，毋能入界，嗟我属藩，尚堪敌忾，志东南洋海岸各国第三；吕宋、爪哇，屿埒日本，或噬或駾，前东不远，志东南洋各岛第四。”①

《海国图志》着意探讨英国之强大，目的是探究中国积弱的原因。魏源认为英国发展工商业，“不务行教而行贾”“佐行贾以行兵”“兵贾相资，遂雄”。此外，魏源对英国在海外的殖民掠夺，也有较清醒的认识。他认识到，英国“四海之内，其帆樯无所不到，凡有土有人之处，无不睥睨相度，思朘削其精华”；英国认为“天下富庶，无如中华。诸国所来船，多不觉其多，所来少不觉其少，无卖不尽之货，又买不尽此地之货，为海内第一，是天下更无大于中华。英吉利久有垄断之心”，英国对中国“觊觎久矣”。②魏源还以俄国彼得大帝为例来阐述“师夷长技以制夷”的思想，希望中国也走俄罗斯的道路，通过深刻的社会变革，使国家走向强盛。俄罗斯摆脱鞑靼蒙古人的统治，建立了统一的中央集权国家后，“始抗衡欧罗巴洲

① 魏源：《海国图志·原叙》。载魏源：《海国图志》，中州古籍出版社1999年，第68页。
② 魏源：《海国图志》，中国古籍出版社1999年，第345页、第347页。

各国”，俄国“人犹雄悍，未谙西洋技艺”。到彼得大帝时，他“聪明奇杰，离其国都，微行游于岩士达览等处船厂、火器局，讲习工艺，旋国传授，所造火器、战舰，反优于他国，加以训兵练阵，纪律精严。迨至近日，底利尼王攻取波兰国十部落，又击败佛兰西国王十三万之众，其兴勃然，遂为欧罗巴最雄大国”。①

《海国图志》在中国世界历史研究的学术史上，具有重要的地位，被认为是“中国近代史学第一部较为系统的世界史地著作。该书不仅奠定了中国近代世界史地研究的基础，而且初步涉及研究世界史地的理论方法，这在中国史学史上，是前无古人的”②。《海国图志》开始注意汲取外国史学的理论与方法，重视历史事实和过程的描述，而且赋予“海国”以广阔的历史视野，是“睁眼看世界”的具体体现。

2. 开启世界史编纂的新时代

19世纪中叶到19世纪末，可称作中国世界史编纂的萌生时期，这段时间虽然不长，却是中国史学发展史上的重要时期，这一时期问世的世界史研究成果，标志着中国世界史编纂的新时代的到来。除《四洲志》《海国图志》外，还有《海国四说》《康輶纪行》《瀛寰志略》等。这些成果不仅内容、理论与方法令人耳目一新，具有重要的学术价值，而且也是中国社会走向世界的记录，具有重要的

① 魏源：《海国图志·俄罗斯国总记》，中国古籍出版社1999年。

② 吴泽主编，桂遵义等著：《中国近代史学史》（修订本）上，人民出版社2010年，第97页。

社会历史意义。

梁廷枏撰写的《海国四说》1846年刊行。梁廷枏，字章冉，号藤花主人，广东顺德人。他积极支持和参加林则徐禁烟活动，鸦片战争期间在广州积极参加抗英斗争，打击入城的英国侵略者。鸦片战争失败后，梁廷枏致力于著述。他的著作，在一定程度上反映了鸦片战争后中国人民对资本主义列强的新的认识。

《海国四说》1846年刊行后，在咸丰时期稍做修改后重新刊行。该书由《耶稣教难入中国说》、《合省国说》3卷、《兰仑偶说》4卷、《粤道贡国说》6卷组成，主要文献资料来源于西方学者的著作和报刊中的文章。《耶稣教难入中国说》叙述了耶稣诞生、传教及传入中国的情况。

《合省国说》，即美国史，主要参考美国传教士裨治文的《美理哥合省国志略》而写成，时间自新航路开辟直至19世纪40年代，内容涉及政治、经济、文化、宗教和地理环境等，包括美洲大陆的开发、欧洲的殖民侵略、美国独立战争和华盛顿的历史作用、民主共和制度等内容。梁廷枏明显受到裨治文所表现出的西方历史思想和方法的影响，主要表现为与中国传统史学突出政治史和皇室世袭更迭不同，阐释的内容十分广泛，包括了美洲大陆发现的历史沿革，以及疆域、气候、文化、宗教、习俗、物产、政治制度、经济发展等等。梁廷枏对美国的民主共和制多有介绍，对总统制、议会和司法制度等，给予了充分的肯定。

《兰仑偶说》，即英国史。从上古直至19世纪40年代，内容包括王朝谱系、政治经济沿革、民族兴衰，以及军事、外交、海外殖民掠夺和文化教育等，不失为一部简明的英国通史。该书一方面按照传统的纪传体，叙述历代统治世系，然后分述地理、宗教、经济、文化和民俗等；另一方面也可以清晰地看到西方史著的影响，在按照编年叙述的同时，分别叙述相关的政治、经济、文化和地理等内容。梁廷枏在《兰仑偶说》中，还提及了《大宪章》（亦称《自由大宪章》）。这是1215年英国贵族迫使国王约翰签署的文件，17世纪初，英国资产阶级对其给予了新的解释，使之成为争取资产阶级权利的法律依据。梁廷枏赞赏《大宪章》对王权的削弱，认为它是英国形成立宪制的重要历史渊源。

梁廷枏撰写《海国四说》时，已经开始认识到编撰外国历史著作的必要性，同时也明显地感觉到这方面的工作离现实的需要还差得太远。他曾以英国史为例说："当世立言之彦，偶记见闻，亦堪荟萃，然大率详今略古，穷未得立国之所由来，故译字纷歧，且动称千有余年，未免群疑满腹。"[①]中国人自己的著作没有，或虽有却多片言只语，没有系统的阐述，而外国人的历史著作，又与中国学术的通例差得太远，梁廷枏开始了自己的探索。他与魏源不同的是，不仅提出而且实践了有别于传统史学的国别史编纂原则，为中国的外国史撰写进行了有益的探索。梁廷枏的《海国四说》，对外国历史的认识较之《海国图志》无疑前进了一步。

姚莹撰写《康輶纪行》16卷，1847年刊行。姚莹，安徽桐城人，嘉庆时中进士。先后任福建平和知县、江苏高邮知州。鸦片战争期间，任台湾兵备道，曾率军民奋力抗击侵台英军，打退侵略军的军舰。但他的爱国行为却为投降派忌恨，受穆彰阿等人的陷害，被贬官四川。在此期间，他仍然没有忘记"冀雪中国之耻，重边海

①《海国四说·兰仑偶说自序》。见道光二十六年《海国图说》刊刻本。

之防”。他赴西藏地区进行考察，同时多年来收集了大量有关世界各国的资料，撰写了《康輶纪行》。

姚莹在《康輶纪行·自叙》中写道：“《康輶纪行》者，大约所记六端：一、乍雅使事始末；二、剌麻及诸异教源流；三、外夷山川形势风土；四、入藏诸路道里远近；五、泛论古今学术事实；六、沿途感触杂撰诗文。或得之佛寺、碉楼，或得之雪桥、冰岭。”他考证了天主教、回教、佛教的源流；记有英国、法国、印度、俄国、尼泊尔、锡金等国的历史知识；揭露了英国觊觎西藏由来已久的事实，以及英国、俄国在中亚、西亚的矛盾和斗争。

1844—1845年，姚莹在西藏考察，记述西藏各方面情况的同时，还利用有利的地理位置，对印度等周边国家以及与这些国家关系密切的英国、俄国等国的历史状况进行了研究。他认为，尽管英国、俄国在中亚一带有利害冲突，但是对中国却都怀有侵略扩张的野心。姚莹从切身体验中明确指出，闭关锁国乃是“误国”之路。坐井观天，无视世界之变局，实际上是愚昧无知，必将招致强敌入侵。他将艾儒略、汤若望、南怀仁等外国传教士以往所绘制的世界地图，与最新的世界地图进行比较，以求能够准确地掌握最新的外国史地知识，为此他绘制了世界和中国西南边疆的地图。这与林则徐、魏源等在“睁眼看世界”方面有不少相通之处。

徐继畬撰《瀛寰志略》10卷，1848年刊行。徐继畬，字健男，号牧田，山西五台县人，道光年间中进士，鸦片战争后任福建巡抚。《瀛寰志略》成书的规模不大，但内容却十分丰富，反映了鸦片战争后中国人对外国历史知识的迫切需求。这10卷的主要内容是：卷一：东、西半球及清一统舆地，亚细亚、东洋二国、南洋滨海各国；卷二：南洋各岛国、东南洋大洋海各岛国；卷三：印度、回部四国、西域回部；卷四：欧罗巴、俄罗斯、瑞典、丹麦；卷五，普鲁士、日耳曼、瑞士；卷六：土耳其、希腊、意大利、荷兰、比利时；卷七：佛兰西、西班牙、葡萄牙、英吉利（含英伦、苏格兰、阿尔兰三岛）；卷八：阿非利加、麦希（埃及）；卷九：亚墨利加、南亚墨利加、北亚墨利加各国英吉利属郡、米利坚合众国；卷十：北亚墨利加南境各国、南亚美利加各国、南北亚墨利加海湾群岛。

《瀛寰志略》十分重视地图的作用，全书有地图42幅，以图为纲，较系统地介绍了亚洲、非洲、美洲和欧洲近80个国家和地区的地理、历史沿革和经济、文化、宗教、风土人情等，特别是美国、英国、法国等国的重大事件、商务关系。但徐继畬的《瀛寰志略》却遭到一些昏官诋毁，他们进谗言，攻击徐继畬“夸张外夷”“尤伤国体”。咸丰帝即位后，徐继畬曾被罢官归里。第二次鸦片战争爆发，清政府继续惨败，民族危机加剧，要求变革的社会思潮再涨，徐继畬才在同治四年（1865）重新被启用。次年，总理衙门主持重刻《瀛寰志略》，并将其作为同文馆的教科书。此后30余年间，《瀛寰志略》不断被翻刻，有十多种版本广为流传，不仅成为中国先进知识分子学习外国、走自强之道的必读书，而且在海外也产生了广泛的影响。魏源的《海国图志》、徐继畬的《瀛寰志略》出版后不久，即流传到日本。日本知识分子从中了解了西方的社会、历史、地理等，此二书对于日本民族意识的觉醒，以及明治维新思想的萌生，都产生了积极的影响。1848年《瀛寰志略》问世时，正值美国华盛顿纪念碑奠基，美国当时曾向各州、世界各国征集纪念物。中国基督教徒赠送的纪念碑上，即刻有《瀛寰志略》上的一段话。《瀛寰志略》继承中国传统史学的优秀传统来撰写外国史，反映了中国史学家求真求实、和平仁爱的精神。直至今天，这部著作在国内外仍受好评。

3. “看世界”和救亡图存

鸦片战争后，外国资本大量涌入中国，自 19 世纪 60 年代起，清政府推行了以引进西方资本主义军事装备、机器生产和科学技术为主的洋务运动。“慈禧太后的统治时期以联合西方资本主义侵略势力来镇压造反的农民大众而开始。‘办洋务’的热潮也就是在这个背景下兴起来了。”[①] 在兴办“洋务”的需求和刺激下，中国的世界史编纂有了长足发展。

从 19 世纪 60 年代到甲午战争爆发，主要由洋务派创办的学堂有 25 所之多，最早的是 1862 年恭亲王奕䜣创办的京师同文馆。这些学堂对于外国史知识的传播，有直接或间接的积极作用。例如，京师同文馆第三年的课程之一，就是“读各国史略”；同文馆译出的著作有《俄国史略》《各国史略》等。在洋务运动时期，中国派遣留学生到英国、法国学习；一些中国知识分子走出国门，亲身体验、了解，进而研究世界各国的实际情况，这些宝贵的感性知识，为他们编撰外国史创造了有利的条件。1872 年，清政府派出第一批留美学生。这一时期中国知识分子对外国史地的介绍和研究，是中国走向世界的具体内容。

张德彝，本名德明，字在初，汉军镶黄旗人，曾任光绪皇帝的外语老师。他一生 8 次出国，到过法国、英国、比利时、荷兰、丹

---

① 胡绳：《从鸦片战争到五四运动》（上），上海人民出版社 1982 年，第 386 页。

麦、瑞典、芬兰、俄国、普鲁士、日本等国，在国外生活了27年。每次出国，他都写下了详细的日记，依次辑成《航海述奇》《再述奇》《三述奇》《四述奇》直至《八述奇》，共约200万字。1870年，清政府派大臣完颜崇厚出使法国，张德彝为随从翻译。1871年3月28日，巴黎公社宣布成立，张德彝目击了这场惊天动地的伟大事件，在《三述奇》的卷二中进行了详细的记载，为后人留下了宝贵的史料。法国学术界一般认为，中国在1927年以前未见有关于巴黎公社的记载，张德彝的《三述奇》彻底否定了这一说法。

这一时期，中国的世界史编纂的重要代表人物是王韬和黄遵宪。王韬，江苏长洲（今吴县）人，初名利宾，字紫诠。清末改良主义思想家、历史学家。1862年因上书太平天国事发，被清政府通缉，在西方人帮助下逃亡香港，直至1884年。王韬在香港开始关注世界史地情况。王韬力主在变革的过程中向欧洲学习，他说："至今日而欲办天下事，必自欧洲始。以欧洲诸大国为富强之纲领，制作之枢纽。舍此，无以师其长而成一变之道……设我中国至此时而不一变，安能埒于欧洲诸大国，而与之比权量力也哉！"[①]这种认识，在某种意义上成为推动王韬研究欧洲历史的重要原因之一。其世界史方面的主要代表作有《法国志略》（《重订法国志略》）和《普法战记》。此外还有未刊行的《西古史》《俄罗斯志》《美利坚志》等。王韬研究欧洲历史的目的是为了"经世匡时"，这在他的著作中有鲜明的体现。

在王韬看来，法国在欧洲是一个举足轻重的国家，法国的盛衰

① 王韬：《弢园文录外编·变法 中》，中华书局1959年，第13页。

绝非“一朝一夕之故”。法国盛衰的历史经验和教训，不仅对欧洲诸国，而且对中国同样有重要的借鉴意义。1870年王韬自欧洲回到香港，在江苏巡抚丁日昌的鼓励下，编撰《法国志略》，初为14卷，1890年重订为24卷，从而使其内容更加丰富。《法国志略》的主要内容是法国开国至拿破仑第三时期，约1600年的历史，涉及政治、经济、军事、外交、自然地理和人文地理等。这是中国人第一部具有通史性质的研究法国历史的著作。王韬的《法国志略》处处体现出对当时中国现实的关注，认为“专制”和“民主”都不可取，只有“君民共主”才能够“上下相安”，使国家远避动乱之源，稳定发展。《法国志略》因表现出对当时中国现实的强烈关注，成为近代中国有影响的学术著作之一。

王韬另一重要著作《普法战记》，是我国第一部记述欧洲战史的著作。《普法战纪》14卷，1873年8月由中华印务总局排印发行，内容包括普法战争发生的原因、主要过程，并谈及战后的影响等。1886年，王韬又根据普法军队中的有关文件以及世界各国的相关评论，增补为《普法战记》20卷，对普法交战期间两国的政治、经济、军事诸方面，进行了更深入的论述。《普法战记》较系统地记述了巴黎公社的历史，近代中国对科学社会主义学说、对法国无产阶级惨烈斗争的最初了解，正是从这里开始的。

《普法战纪》出版后，很快在日本引起重视。1878年，日本陆军文库将其翻刻刊行，后多次翻印，在日本成为畅销书。王韬的著作，较明显地受到西方史学的影响。在1890年刊行的《重订法国志略》中，王韬就中外史学的异同进行了比较，并在自己的作品中汲取了西方史学历史思维较为开阔、视野较为宽广的优点。这无异是一次有益的尝试。

黄遵宪，字公度，号人境庐主人，广东嘉应州（今梅州）人。1877 年为中国驻日使馆参赞。他撰写的《日本国志》，40 卷 50 万字，1895 年出版，是中国人写的第一部日本通志。黄遵宪看到，日本知识分子研读中国著述、研究中国问题的人很多，而中国的士人，却“好谈古义，足己自封”，不仅对欧洲国家，即使是对一衣带水的日本，也知之甚少。他认为这种状况亟待改变。他研究日本的历史，特别是明治维新以来的历史，意在回答中国社会发展所面临的现实问题，供国内有志维新之士借鉴，推动中国的变法，图新自强。

《日本国志》记述了日本自远古到明治维新期间，政治、经济、文化发展演变的三千余年的历史，内容十分丰富，包括卷首的年表和国统志、邻交志、天文志、地理志、职官志、食货志、兵志、刑法志、学术志、礼俗志、物产志、工艺志等十二种志，从各个角度深入系统地研究了日本的历史和现实，特别是明治维新后所实行的各项制度。黄遵宪研究日本历史时，曾经不无忧虑地说过：“日本维新之效成则且霸，而首受其冲者为吾中国。”[①] 黄遵宪对《日本国志》曾多次修订再版，每次不仅补充新的文献资料，而且从事实出发，增加了不少论析，使之体现出更鲜明的时代内容。例如，他以欧洲国家的富强和印度的亡国、土耳其的羸弱，来说明当时世界“弱肉强食、物竞天择”，以及“相竞而强”的现实，认为如果中国长期安于现状，不思进取，没有竞争精神，则必蹈印度、土耳其等国家亡国的覆辙。有关明治维新的内容，他补充得最多，就是希望这部著

---

① 梁启超：《嘉应黄先生墓志铭》。载《饮冰室合集》第 5 卷，中华书局 1989 年，文集之四十四（上），第 6 页。

作能够促使中国奋发有为，在变法维新中发挥更多更大的作用，以适应激烈的“生存竞争”时代的要求。

日本政治制度史和日本法制史，在《日本国志》中占有重要的地位。黄遵宪将中国、日本和西方的法律制度进行了比较，指出中国政治、法律制度的弊端，进一步阐释向西方、日本学习，以改变中国现状的必要性。黄遵宪指出，“中国士夫，好谈古治”“喜言空谈”“重在道德”“以刑法为卑卑无足道”；“而泰西论者专重刑法”“其崇尚刑法以为治国保家之具，尊之乃若圣经贤传”。究其原因，黄遵宪同意西方人所说“民智益开，则国法益详”。经过比较，黄遵宪对于“以法治国”甚为推崇。黄遵宪在《日本国志》完成后，曾写下了著名的《〈日本国志〉书成志感》诗：“湖海归来气未除，忧天热血几时摅。《千秋鉴》借《吾妻镜》，四壁图悬人境庐。改制世方尊白统，《罪言》我窃比《黄书》。”[①] 以此表达了他为处于危机之中的中华民族寻求救亡振兴之道的爱国主义情感。

19世纪末，中国世界史编纂有了长足发展的重要标志之一，就是对外国历史知识的学习已经成为历史学教育不可缺少的内容之一。康有为、梁启超在学堂、书院开始推行资产阶级维新教育，其中历史学是一门重要的课程。在万木草堂，康有为开设“万国政治沿革得失”“中国政治沿革得失”以及“万国史学”等课程。在梁启超任总教习的湖南时务学堂，《日本国志》《万国史记》《泰西新史揽要》（即《十九世纪史》）被列为课程的学习内容。张之洞，奏请变通科举章程时，强调各级学校“新旧兼学”，学习中国史的同时，

---

① 钱仲联笺注：《人境庐诗草笺注》上册，上海古籍出版社 1981 年，第 443—444 页。

还要学习外国史，在书院要普遍增设包括外国历史内容的历史课。1898 年戊戌变法时，光绪皇帝颁布科举新章，明确规定乡会试首场考试中国史事和国朝政治，而第二场考试时务策论，主要内容则为五洲各国之政，专门之艺，外国历史则包括在其中。

中日甲午战争的失败，使中国半殖民地化进一步加深，帝国主义列强急欲瓜分中国，中华民族面临着更加严重的危机。甲午战争结束后，出现了一些有关这次战争的著作，如王炳耀辑《中日战辑》（1896 年上海书局石印本）。姚锡光编撰的《东方兵事纪略》，史料则更加充实，较详细地记述了中日甲午战争的过程。薛福成编《续瀛寰志略》。其三子薛莹中将其中一部分编成《英法意比志译略》，1899 年刊行，有关亚洲国家的史略，后也刻印出版。19 世纪末，外国历史著作在中国大量翻译出版，成为当时十分引人注目的社会现象。1897 年，大同译书局在上海创办，该书局建立后不久，便出版了《俄土战纪》《意大利侠士传》《地球十五大战役》《瑞士变政记》等译著。商务印书馆也于 1897 年 2 月 11 日在上海开业。1902 年，商务印书馆编译所在上海宝山路成立，设有史地部。编译所聘请各科专家及学者至百人以上，外国史学是译介的重要内容之一。20 世纪初，中国世界史编纂顺应历史潮流，翻开了崭新的一页。

八、中国革命和中国马克思主义史学

早在19世纪70年代，马克思主义学说即已开始在中国传播，1917年俄国十月革命胜利后，马克思主义开始在中国广泛传播。在新文化运动和“五四”期间，李大钊等具有初步共产主义思想的知识分子，进一步扩大了唯物史观在中国的影响。李大钊在《新青年》等刊物上发表《我的马克思主义观》《唯物史观在现代史学上的价值》《马克思的历史哲学》《史观》《研究历史的任务》《物质变动与道德变动》《由经济上解释中国近代思想变动的原因》等文章，奠定了中国马克思主义史学理论方法论的基础。中国马克思主义史学自诞生之日起，就同社会生活保持着密切的联系，自觉地回答中国社会发展中提出的一系列尖锐的问题。继李大钊之后，郭沫若、吕振羽、翦伯赞、范文澜、侯外庐等堪称中国马克思主义史学的优秀代表。

1. 中国马克思主义史学的产生

19世纪中叶鸦片战争后，中国开始沦为半殖民地半封建社会。

继甲午战争签订《马关条约》、八国联军侵华签订《辛丑条约》后，中华民族的危机在20世纪初日渐加深，面临着“亡国灭种”的实际危险，中国人民的爱国运动也日益高涨。在新文化运动和五四运动的推动下，先进的知识分子纷纷起而探索救国的出路。五四运动是中国人民彻底地反对帝国主义、封建主义的爱国运动，是中国旧民主主义革命到新民主主义革命的转折点。随着中国无产阶级登上政治舞台，中国共产党于1921年成立，并明确提出了反帝、反封建的民主革命纲领，有力地推动了中国工农革命运动的发展，为中国马克思主义史学的产生和发展开辟了广阔的现实道路。

1917年俄国十月革命后，马克思、列宁主义在中国传播开来。李大钊、陈独秀、毛泽东、蔡和森、李达等积极宣传马克思主义唯物史观。李大钊先后发表《唯物史观在现代史学上的价值》《马克思的历史哲学》《史观》《研究历史的任务》《物质变动与道德变动》《由经济上解释中国近代思想变动的原因》等文章，阐述唯物史观的基本原理，强调“发明历史的真义的是马克思”[①]。李大钊还在北京大学、北京女子高等师范学校、北京高等师范学校、中国大学等校讲授唯物史观等课程。1920年秋，李大钊在北京大学史学系讲授唯物史观研究，同时还开设“史学要论”“史学思想史”等课程。1924年5月出版的《史学要论》，则是我国第一部系统论述马克思主义史学理论的专著。李大钊说：“从来的史学家，欲单从社会的上层说明社会的变革，——历史，而不顾社会的基址；那样的方法，不能真正理解历史。社会上层，全随经济的基址的变动而变动，故历史非从

① 《李大钊文集》下，人民出版社1984年，第678页。

经济关系上说明不可。这是马克思的历史观的大体。”[①] 李大钊作为一名马克思主义者，对史学的一系列基本理论问题初步进行了唯物主义的概括，为中国马克思主义史学的建立奠定了坚实的理论方法论基础。

在马克思主义史学初创时期，中国共产党早期领导人李大钊、陈独秀、蔡和森、李达、瞿秋白、恽代英等做出了重要贡献。在他们的带动和影响下，以唯物史观为理论指导的中国马克思主义历史学派迅速成长，在中国史学发展中发挥着愈来愈重要的作用。

李大钊十分重视历史观的问题，在李大钊的《史学思想史》讲义中，《史观》一文列为篇首。李大钊指出，随着社会的发展、科学的进步，“史学界亦渐放曙光”，由“神权的历史观进而为人生的历史观，由精神的历史观进而为物质的历史观，由个人的历史观进而为社会的历史观，由退落的或循环的历史观进而为进步的历史观”，李大钊认为，后者可被称为“新的、进步的历史观”。以进步的历史观为指导，人们对历史的认识不断深化。“事实是死的，一成不变的，而解喻则是活的，与时俱化的。”[②] 历史认识中的“与时俱化”，即随着时代的前进，人们对历史过程和历史现象的研究将不断深化，进而在科学世界观和历史观的指导下改写历史。

五四运动后，陈独秀先后发表《谈政治》《社会主义批评》《答蔡和森》等，宣传唯物史观，并以唯物史观为武器，对唯心主义的历史观进行批判。陈独秀认为，马克思对资本主义制度的剖析是建

---

① 李守常：《史学要论》，商务印书馆 1999 年，第 77 页。

② 李守常：《史学要论》，河北教育出版社 2000 年，第 294 页、第 295 页。

立在“经济的历史观察”和“唯物的历史观察”基础之上的，“剩余价值学说”揭示了现代资本主义生产方式和它所产生的资产阶级社会的特殊的运动规律，是科学的革命理论。1922年7月，陈独秀在《新青年》发表了《无产阶级专政》，强调了阶级斗争和无产阶级专政在历史进程中的革命作用，认为无产阶级革命和无产阶级专政是历史发展的动力。这对当时中国社会各阶层了解唯物史观理论中的阶级斗争学说，起了积极的启蒙作用。

1923年，为了适应革命的需要，国民党和共产党联合创办上海大学。中国共产党的早期领导人瞿秋白、蔡和森、张太雷等在该校任教。蔡和森，湖南湘乡人，早年在湖南与毛泽东等建立“新民学会”，创办《湘江评论》，宣传马克思主义和唯物史观。1919年底赴法勤工俭学，研究马克思主义和西欧工人运动，1921年底回国参加中国共产党。1923年，蔡和森在上海大学主讲《社会进化史》，其主要内容是将恩格斯的《家庭、私有制和国家的起源》用通俗的语言加以介绍。蔡和森在法国留学期间，曾经认真研读过恩格斯的这部著作，1921年归国后在参阅大量世界历史文献资料的基础上，写成《社会进化史》。他通过分析私有制的产生和演变，论述了“资本主义的灭亡和社会主义、共产主义的胜利同样是不可避免的”这一唯物主义原理。蔡和森还将这一基本理论与第一次世界大战后欧洲的政治经济形势结合起来，他特别注意到了战后工人阶级的新觉醒、新变化。他认为这种变化表明，“社会革命必然要一天一天扩大，一天一天成熟：不仅在各大工业国内有农人阶级、中等阶级及资产阶级的落伍分子和进步分子为之呼应，而且有全世界殖民地和半殖民地的国民革命运动为之呼应。世界革命的成功，只是时间迟早的问题”。[①]1924年8月，该书由上海民智书局出版，到1929年，再版5次，在阐述唯物史观方面曾产生重要影响。

1913年，李达留学日本时开始研究马克思主义，他翻译有《唯物史观解说》《马克思经济学说》等。1921年在中国共产党第一次全国代表大会上，李达当选为中央宣传主任，是中国共产党创始人之一。1921年，李达主持了设在上海自己寓所内的人民出版社，这是中国共产党的第一个出版机构，在一年内出版了《共产党宣言》《工资、劳动与资本》《马克思资本论入门》等著作，为在中国传播马克思主义唯物史观做出了重要的贡献。李达在宣传唯物史观的同时，结合当时中国革命的形势，认真研究唯物史观，其主要代表作有《现代社会学》《社会之基础知识》《社会学大纲》《经济学大纲》和《社会进化史》等。1926年6月，湖南现代丛书出版社出版的《现代社会学》，是一部系统阐释唯物史观的科学社会主义著作，在唯物史观传播的历史上具有重要的地位。该书1926年出版后，在1928—1933年间，重版13次。李达强调撰写这部著作的目的，就是“用唯物史观改造社会科学之一尝试”[②]。在李达看来，唯物史观是改造旧中国的锐利武器。

中国马克思主义史学自诞生之日起，就自觉地回答中国社会发展中提出的一系列尖锐的问题。继李大钊之后，郭沫若、吕振羽、翦伯赞、范文澜、侯外庐等堪称中国马克思主义史学的优秀代表。他们自觉接受马克思主义的唯物史观，刻苦研读马克思主义经典作

---

①《蔡和森文集》，湖南人民出版社1978年，第187页。

②《李达文集》第1卷，人民出版社1980年，第237页。

家的著作，努力做到理论联系实际，为丰富、发展和完善中国马克思主义史学理论做出了重要的贡献。

20世纪20年代至30年代初，是中国马克思主义史学的萌生时期。1924年，李大钊出版了《史学要论》一书，以马克思主义观点全面阐述了对史学的认识，是中国马克思主义史学关于学科体系认识的奠基之作。自1928年8月至1929年11月，郭沫若连续写出5篇分析中国古代社会的文章，并于1930年结集为《中国古代社会研究》出版。本书突破了历史文献主要是典籍的局限，将书面的文献资料拓展到地下出土实物，把《诗》《书》《周易》里面的纸上史料，与甲骨卜辞、周金文等来自地下的考古材料熔于一炉。这是最早运用唯物史观深入研究中国历史的一本史学名著，使“五四”时期倡导的科学精神发扬光大，中国的历史学由此走上了科学化的轨道。本书在中国学术界、思想界产生了重大影响，其时代特点，是唯物史观同中国史学的初步结合，显示出空前的理论创造的活力。

2. 中国马克思主义史学的时代使命

1927年中国大革命失败后，革命暂时处于低潮，如何认识中国革命的前途和命运，中国究竟向何处去，成为中国社会各阶级各阶层普遍都在思考的问题。中国马克思主义史家的责任和使命，是迫切需要探究中国历史上究竟经过了哪些社会形态，以回答中国社会的性质和中国革命的性质。而要科学地回答这些问题，又同如何科学地认识世界的历史、认识世界历史矛盾运动的一般规律紧紧联系在一起。它涉及中国和世界各国有无共同的发展规律等重大理论问题。这不仅有重要的学术意义，而且有重要的现实意义。

1928年7月，中国共产党六大在莫斯科召开，大会总结了第一次国内革命战争的经验教训，分析了当时中国社会的政治经济状况，再次明确指出中国社会是半殖民地半封建社会，中国革命的性质仍是反帝反封建的资产阶级民主革命。这个结论遭到国民党右派等反动势力的反对，他们宣扬封建势力已经是“残余的残余”，竭力否认中国人民反帝反封建的革命斗争。郭沫若曾说：“‘前事不忘，后事之师’，认清楚过往的来程也正好决定我们未来的去向。”“对于未来社会的待望逼迫着我们不能不生出清算过往社会的要求。目前虽然是‘风雨如晦’之时，然而也正是我们‘鸡鸣不已’的时候。”[①] 正是在这种形势下，马克思主义史学家投身于中国社会性质和中国社会史的论战中。用唯物史观探究中国国情，指明中国革命的性质和前途，为中国革命制定路线、方针、政策提供科学的依据，成为中国马克思主义史学的责任和使命。

中国社会史大论战的主要内容是以下三个方面：一是“亚细亚生产方式问题”；二是“奴隶制问题”，即奴隶制是否是人类社会一般发展过程中的一个必然阶段；三是“商业资本主义社会问题”。这些问题涉及中国社会的性质和前途等现实问题。针对国民党反动文人等宣扬“马克思主义不符合中国国情”，竭力否定中国共产党领导的反帝反封建斗争的必然性和必要性等谬误，郭沫若针锋相对地指出：“只要是一个人体，他的发展，无论是红黄黑白，大抵相同。由人所组织成的社会也正是一样。中国人有一句口头禅，说是‘我们的国情不同’。这种民族的偏见差不多各个民族都有。然而中国人不

---

①《郭沫若全集·历史编》第1卷，人民出版社1982年，第6页、第10页。

是神，也不是猴子，中国人所组成的社会不应该有甚么不同。”①

郭沫若认为，中国古代的历史，长期以来大多被御用学者“所湮没、改造，曲解”。他称他的《中国古代社会研究》是恩格斯《家庭、私有制和国家的起源》的续编，他运用社会经济形态的理论研究中国历史，以唯物史观为指导整理《周易》、《诗》、《书》、卜辞、彝铭的材料。郭沫若认为，社会历史发展的根本原因是生产方式的变化，关于中国古史分期的标准，鲜明地体现了生产力决定生产关系、经济基础决定上层建筑的基本理论。他指出，近代以前中国古代的历史，是原始社会、奴隶社会、封建社会几种生产方式有规律地递替的历史，社会经济形态的更迭可以看作是一个自然历史过程。他认为大抵在西周以前就是所谓的“亚细亚”的原始共产社会，西周是与希腊罗马的奴隶时代相当，东周以后，特别是秦以后，才真正地进入了封建时代。这就是说，中国历史上依次经历过原始共产社会、奴隶社会和封建社会，马克思主义对于研究中国历史具有普遍适用性。虽然这部著作在一些地方的历史叙述中有简单化、公式化倾向，但这是以马克思主义社会形态的理论来研究中国历史的第一部著作，也就不难理解它何以在当时产生了巨大的影响。

继郭沫若之后，吕振羽在《史前期中国社会研究》（1934）、《殷周时代的中国社会》（1936）等著作和论文中，第一次把考古发掘和古代神话等文献相结合，填补了古史研究的空白。吕振羽，湖南武冈（今邵阳县）人，早年毕业于湖南大学，1931 年奋起投身抗日救亡运动，1936 年 3 月加入中国共产党。他系统地论证了殷代以前中

①《郭沫若全集·历史编》第 1 卷，人民出版社 1982 年，第 6 页。

国史是原始公社制阶段；殷代是奴隶制阶段；西周是初期封建制阶段；鸦片战争以后的中国是半殖民地半封建社会。他认为唯物史观关于人类社会发展规律的学说，是适合中国国情的。不仅中国的史前社会存在“母系氏族社会”“父系氏族社会”，而且中国古代也有奴隶制社会，并非只有古代希腊、罗马才有，奴隶制社会是人类历史进程中的一个历史阶段。他还首先把中国封建社会区分为领主制和地主制两个阶段，明确提出秦汉以后的封建社会是封建地主制社会。关于中国资本主义的萌芽，他认为其发生于明末和鸦片战争之前。这些以马克思主义社会形态理论为指导的历史叙述，建立在翔实的史料基础上，有力地驳斥了“中国历史特殊论”和“中国国情特殊论”。此外，吕振羽还在1937年出版了我国第一部以马克思主义观点撰写的《中国政治思想史》。

关于中国古代奴隶制社会，吕振羽提出了与郭沫若不同的观点。郭沫若认为商代是金石并用、西周是铁器出现的时代，所以他断定中国奴隶制的社会组织是在周初完成的。吕振羽认为，郭沫若低估了商代的社会生产力，他根据殷墟出土物及其遗迹，又根据铜器冶炼术和冶炼场遗址的普遍存在、青铜器数量之多以及铜器制造工艺水平等进行论证，认为殷代并非“新石器或金石器时代”，而“应该是青铜器时代”。总之，殷代青铜器所代表的生产力，“曾完成了使社会内部的阶级的最初的大分裂的任务，而充任了国家出现的主要因素”①。吕振羽最先提出“殷代奴隶制社会”和殷代为“青铜器时代”的观点，认为殷商时已进入了奴隶社会，其观点在学术界产生

① 吕振羽：《殷商时代的中国社会》，不二书店1936年，第31页。

了广泛的反响，马克思主义史家之间对此也展开了热烈的争鸣，由此，不断扩大了马克思主义史学的影响，有力地推动了马克思主义史学的发展。在吕振羽的影响下，郭沫若 1933 年在《卜辞通纂》中对殷代社会的认识开始发生了改变。20 世纪 40 年代，他又在《青铜时代》《十批判书》等著述中，完全肯定殷代为奴隶制社会，认为“殷代已经是青铜器时代了”[①]。

吕振羽是中国早期马克思主义史学的开拓者之一。他在讲授治史方法的意见时强调，“生产力和生产关系的矛盾的统一及其斗争，决定人类社会发展的共同规律，体现出个别国家或部落、部族和民族在相同的历史阶段中、在历史发展过程中的一般性。但人类历史是极其具体、生动、丰富、多彩的。各别国家或部族、部落和民族，由于其所处的地理环境、历史传统及其他具体条件的不同，便构成其特殊性，而表现为各自独特的色彩”。论及史学方法时，他认为“不容采取客观主义的态度”“必须从阶级分析出发，不然便无法掌握历史发展规律”。[②] 吕振羽坚持将马克思主义基本原理与中国的历史与现实相结合，在历史研究的实践中不断扩大唯物史观的影响，他以其三部论著，即《史前期中国社会研究》《殷周时代的中国社会》和《中国政治思想史》，明确指出中国和世界各国有共同的发展规律，中国革命是符合历史矛盾运动方向的产物。这为我国马克思主义史学的产生和发展做出了开创性的贡献。

翦伯赞以马克思主义为理论指导，潜心研究中国社会史。翦伯

① 参见《郭沫若全集·历史编》第 1 卷，人民出版社 1982 年，第 601 页。

② 吕振羽：《史学研究论文集》，华东人民出版社 1954 年，第 3 页、第 4 页。

赞，湖南常德桃源县人，维吾尔族，早年参加五四运动、北伐战争，后又在周恩来直接领导下投身理论宣传、统一战线工作。在20世纪30年代初发表《中国农村社会之本质及其历史发展阶段之划分》和《前封建时期之中国农村社会》，1932年与吕振羽合著《最近之世界资本主义经济》。翦伯赞认为，中国农村社会的本质“不是一个独特的或是亚细亚的生产方法，而是封建的生产方式”，他还认为，中国历史上的西周，是封建社会。

侯外庐24岁结识了中国共产主义的先驱者李大钊，受到马列主义的影响。1927年赴法国巴黎大学留学，经成仿吾、章伯韬介绍在巴黎加入中国共产党。

侯外庐在法国巴黎大学求学时，开始试译《资本论》，这使他有机会较系统地学习了马克思主义学说，开始确立辩证唯物主义和历史唯物主义的世界观。侯外庐说：“大革命时期，李大钊同志曾经是指引我学习马克思主义理论的导师，那么，从三十年代初开始，我已经把郭沫若同志看作是指引我学习和研究中国历史的老师。”[①]从20世纪30年代初开始，侯外庐将马克思主义的观点与方法应用于中国社会史、思想史的研究。1934年出版了《中国古代社会与老子》《经济学之成立及其发展》。后在此基础上，在20世纪40年代出版了《中国古典社会史论》《中国古代思想学说史》。侯外庐认为，首先，亚细亚生产方式与“古典的古代”同属于一个社会阶段，都是奴隶制社会，但走着不同的发展路径；其次，中国封建社会确立于秦汉之际，从秦始皇统一六国，最终经过汉武帝时代，封建社会才最终确

① 侯外庐：《韧的追求》，三联书店1985年，第223—224页。

立，判断封建社会确立的标准是法典化；再次，明末清初中国产生了资本主义的萌芽。

有研究者认为，范文澜可与郭沫若并称“我们的开国一代的两位大师。他们都比较早地应用马克思主义研究历史，都精通中国丰富的文化遗产”[①]。1917年，范文澜毕业于北京大学后赴日本留学。20世纪30年代末，范文澜走上了以马克思主义学说为理论基础的历史研究道路。1935年因为支持华北抗日运动遭到逮捕，释放后在1940年奔赴延安，任马列学院历史研究室主任、中央研究院副院长兼历史研究室主任等职。1940年5月，范文澜在延安《中国文化》发表《关于上古历史阶段的商榷》，他对郭沫若提出的“殷代是氏族社会、西周是奴隶社会”的观点提出商榷，明确表示赞同殷代是奴隶社会、西周是封建社会的观点。他认为这种观点更接近真理。

中国马克思主义史学初创时期即与时代同呼吸、共命运，与中国革命的前途和命运联系在一起。经过中国社会史大论战，有一批优秀的马克思主义史著问世。这批著作不仅内容丰富，包括中国原始社会史、奴隶社会及封建社会的历史，还包括近代半殖民地半封建社会的历史，而且继承发扬了中国传统史学的优良传统，史料翔实，在理论、方法和研究结论等方面都有创新，表现出很高的学术水平。这表明，中国马克思主义史学已经迈出了坚实的一步，其影响与日俱增，在中国史坛和中国社会发展进程中的作用不断扩大。

① 刘大年：《范文澜历史论文选集·序》，《范文澜历史论文选集》，中国社会科学出版社1979年，第1页。

3. 中国马克思主义史学在斗争中发展

1937年“七七事变”后，中华民族全面抗战开始，在中国共产党的推动下，国共实现了第二次合作，抗日民族统一战线最终形成。中华民族同日本帝国主义的矛盾，上升为主要矛盾。1939年底，毛泽东和其他几位在延安的同志合作撰写了《中国革命和中国共产党》。文章对中国近百年的社会性质和矛盾，中国革命的对象、任务、动力、性质和前途等，进行了详尽的分析。毛泽东认为，帝国主义入侵中国的目的，不是要把中国变成资本主义国家，而是要将中国沦为半殖民地或殖民地。革命的对象是帝国主义和封建主义，而帝国主义是中国人民的第一个和最凶恶的敌人；无产阶级是中国革命的最基本的动力，农民阶级是革命的主力军。革命的性质是新民主主义革命，是无产阶级领导下的几个革命阶级联合的专政。它的前途不是资本主义，而是社会主义。这些论述对中国马克思主义史学的发展，具有重要的指导意义。20世纪40年代前后，经过“中国社会史大论战”锻炼和考验的马克思主义史学迅速成长，首先在中国通史类研究中取得丰硕成果，并产生了深远的影响。

1941年，吕振羽所著《简明中国通史》上册出版，1948年出版下册。这是我国最早以唯物史观为理论指导编写的中国通史，此著作后多次再版，对推动我国马克思主义历史学研究，特别是中国通史研究有重要的积极意义。吕振羽在初版《简明中国通史》的序言中说，他撰写的中国通史与以往的类似著作相比，有三个特点：“第一，把中国史看成同全人类的历史一样，作为一个有规律的社会发展的过程来把握。”中国历史的发展规律，与人类历史发展的普遍规律是完全一致的。“第二，力避原理原则式的叙述和抽象的论断。”

作者不是抽象地谈论唯物史观的原理原则，而是把马克思主义唯物史观理论与中国历史实际密切结合，论从史出，在考实的基础上，揭示中国历史发展的基本规律。“第三，尽可能照顾中国各民族的历史和其相互作用，极力避免大民族主义和地方民族主义的观点渗入。”这体现了中华民族各民族不分大小一律平等的原则。由于本书上、下册先后写于抗日战争和解放战争时期，所以印有特定历史时期鲜明的时代精神，即中国人民反对帝国主义、反对封建主义英勇斗争的精神。

自1940年8月至1941年底，范文澜在集体编写的基础上完成了《中国通史简编》上册（五代以前）、中册（宋代至鸦片战争），较系统地阐述了从上古到清中叶的中国古代历史。这也是一部马克思主义的中国通史性著作，其进步性主要表现在三个方面。一是强调用经济因素解释社会政治的变化，强调推动社会发展的最根本的物质力量就是发展中的生产力。《中国通史简编》对于与经济发展至关重要的生产工具的改进、科学技术的发明十分重视，诸如石器、青铜器、铁器、耕牛的使用情况，炼铁、印刷、火炮、指南针的逐步发展，以及茶叶、旱稻、棉花的大量种植，《中国通史简编》都有详细的论述。二是依据经济发展的状况和社会经济形态划分中国社会历史的演变。他认为，从黄帝到禹是中国的原始社会，夏商两朝是奴隶社会，西周开始一直延续到鸦片战争是封建社会。封建社会又划分为三个时期，即西周至秦统一时是初期，秦汉至元末是中期，明初至鸦片战争则为后期。三是通过实际的历史叙述批判唯心主义的“英雄史观”，充分肯定农民起义的进步作用，强调人民大众是历史的主人，他们不仅是社会物质财富的创造者，也是社会精神财富的创造者。

1944年，翦伯赞所撰《中国史纲》第1卷在重庆出版，1946年出版第2卷。第1卷的主要内容是“史前史、殷周史”，全面评析了秦以前的中国古史的历史进程、社会制度及历史人物等。第2卷的内容是“秦汉史”。他认为，秦汉史能得以从繁复的史料中理出一个眉目来，得益于近年来科学研究的成果。该书所用文献资料，不仅有前四史，还有《汉纪》《后汉纪》《东观汉记》《七家后汉书》等史部书籍。此外，还充分利用了经、子、集各部的有关资料。不仅如此，他还从考古发现的文物、出土文献方面谈了考古学如何在秦汉历史研究中发挥作用，包括汉简、石刻画像、碑刻、封泥、遗址和墓葬的发掘报告等等。翦伯赞明确指出了秦汉政权的商人大地主性质，他认为，秦朝的建立，是商人地主取代旧贵族的过程，秦朝政权，是新兴的商人地主的政权。他还从世界历史的广阔视野观察中国秦汉王朝。这种世界眼光使人们清楚地看到：当时的西方世界，是罗马势力的发展，中国势力的西进，而大月氏与安息两大势力，则屹然横亘于中亚，成为东西两个世界历史交流之障壁。

在某种意义上可以说，翦伯赞的《中国史纲》是他以马克思主义历史唯物主义为理论指导，20世纪30年代参加“中国社会史”大论战的产物，书中的主要内容是他在论战中对一些重大理论问题的思考和总结。正如他在该书《序言》中所说，这本书，虽不敢说它已经把殷周及其以前的古史，从神话的霉锈中洗刷出来，但至少它已使这一段古史，显出了它本来的面目，总之，从神的历史还原为人的历史。

1943年，侯外庐著《中国古典社会史论》。该书出版后，侯外庐又增补了几篇重要论文和材料，于1946年再版，书名改为《中国古代社会史论》。侯外庐在自传《韧的追求》中述及他写作《中国古代社会史论》的动机时说，这起于在“社会史论战”过程中，他对于苏联学者（关于亚细亚生产方式）所做的各种解释，诸如对亚细亚生产方式是东方史里的一种独特的社会构成，或者把它当作“空白”的历史，以及所谓“变种论”“过渡论”等观点有所怀疑。他进行了这方面的深入研究后，在1943年出版了《苏联史学界诸论争解答》，后修改成《中国古典社会史论》，最后定名为《中国古代社会史论》。这部著作是侯外庐的代表作之一。侯外庐在承认人类社会具有普遍规律的前提下，着力研究和揭示中国社会历史发展的特殊规律，提出了很多重要的理论观点，具有重要的开创意义。如关于亚细亚生产方式，他认为中国的“古代”和以希腊、罗马为代表的“古典的古代”是并行的两种不同的历史发展路径。又如，他以中国古代“城市国家”为切入点，探究中国古代政治和法权理论的特点，令人耳目一新。侯外庐将马克思主义历史理论与中国历史发展的实际相结合，提出文明发展的多线论，在探讨中国历史发展的特点时，做到历史发展的普遍性与特殊性相结合，在研究实践中反对简单化、概念化等教条主义倾向，为马克思主义史学理论中国化进行了成功的探索。

新中国成立前，侯外庐与杜守素、赵纪彬、邱汉生等合著《中国思想通史》。《中国思想通史》全书共分5卷。第1、2、3、5卷，是据新中国成立前写的《中国思想通史》和《中国近代思想学说史》的内容修改而成；第4卷上、下册，在新中国成立后撰写，1959—1960年出版。第1卷的内容是自殷代至战国；第2、3卷的内容是自汉代至南北朝；第4卷的内容是自隋、唐至明末；第5卷的内容自17世纪至清中叶19世纪40年代。《中国思想通史》如侯外庐一贯提倡的那样，把社会史与思想史结合起来。思想史是了解整个社会历史发展的一个视角，透过思想看社会发展的历史，同时在研究每一个具体的思想时，将哲学观点、逻辑结构、思维方式和社会意识等作为一个有机体，结合在一起进行研究——这使《中国思想通史》的研究，不仅在内容上，而且在史学理论方法论上，都表现出鲜明的马克思主义的特点。

1944年，中国人民的抗日战争已由战略相持转入战略反攻阶段。这一年，也是李自成领导农民起义攻入北京300周年。为迎接抗战最后胜利的到来，推动斗争，3月19日，郭沫若撰《甲申三百年祭》，在重庆《新华日报》上发表，连载4天。次日的报纸特别引人注目，在郭沫若的文章之前，用大字排上了一段毛泽东的名言："今天的中国是历史中国之一发展，我们是马克思主义的历史主义者，我们不应该割断历史。"这篇文章的主要内容是：明朝末年政治腐败，崇祯昏聩，灾荒严重，爆发农民起义。李自成起义队伍由小到大，推翻了明朝统治，但占领北京之后，却被胜利冲昏了头脑，因轻敌、腐化和宗派斗争等，终致失败。这是对李自成领导的农民起义，第一次做出的系统的马克思主义的总结。

《甲申三百年祭》发表后，立即受到了毛泽东和党中央的重视，毛泽东多次指出要从李自成起义的历史中吸取经验教训，并批示将《甲申三百年祭》作为中共整风的文件之一。4月12日，毛泽东在延安给高级干部作《学习和时局》报告，传达了中央政治局对于党的高级干部在学习党史过程中提出的几个重要问题的结论。毛泽东当时特别提到了郭沫若的这篇文章，他说："我党历史上曾经有过几次表现了大的骄傲，都是吃了亏的。……全党同志对于几次骄傲，几次错误都要引为鉴戒。近日我们印了郭沫若论李自成的文章，也是叫同志们引为鉴戒，不要重犯胜利时骄傲的错误。”①11月21日，毛泽东还亲笔复信郭沫若：“你的《甲申三百年祭》，我们把它当作整风文件看待，小胜即骄傲，大胜更骄傲，一次又一次吃亏，如何避免此种毛病，实在值得注意。”“你的史论、史剧有大益于中国人民，只嫌其少，不嫌其多。”②《甲申三百年祭》很快在延安和各解放区多次印成单行本，日益产生广泛的影响。1949年3月23日，新中国诞生的前夜，毛泽东在离开西柏坡向北平进发时，又提起《甲申三百年祭》中李自成的教训。他说：“今天是进京赶考的日子。退回去就算失败。我们绝不当李自成，李自成进京后就变了。我们一定要考个好成绩。”

《甲申三百年祭》发表的同时，国民党认为郭沫若是在“影射当局”，立即组织政客文人进行围攻。3月24日，陶希圣在《中央日报》指责郭沫若“为匪张目”，“将明之亡国的历史影射当时的时局”，抨击《甲申三百年祭》是“出于一种反常心理，鼓吹战败主义和亡国思想”。4月20日，叶青又在《政治月刊》上发表长篇专论，攻击《甲申三百年祭》“与共产党的宣传十分和合，共产党要反对政府，这篇文章就尽力指责明王朝腐朽统治，企图唤起人民的联想作用”。4月13日、21日、26日、28日，《中央日报》又相继发表社论，攻击《甲申三百年祭》“渲染着亡国的怨望和牢骚”，表示不能“听其谬论流传”，要与之斗争，“毫不姑息、毫不放松”。然而，越来越多的人认识到：“郭沫若先生根据确凿的史实，分析了明朝灭亡的社会

① 《毛泽东选集》第3卷，人民出版社1991年，第947—948页。

② 《毛泽东文集》第3卷，人民出版社1996年，第227页。

原因，把明王朝的腐朽统治与当时农民起义的主将李自成做了对照的叙述和客观的评价，还给他们一个本来面目……”文章“充满了爱国爱民族的热情”，是“在科学地解说历史”，“蚍蜉撼大树只是增加了郭沫若先生的文章的历史价值而已”。[①] 中国马克思主义史学自诞生之日起，就不曾脱离中国人民争取独立、自由、解放的时代主题，经风雨、见世面，在社会实践中锻炼成长。

① 参见1944年4月18日至19日，延安《解放日报》全文转载《甲申三百年祭》时，所加的“编者按”。

九、中国马克思主义史学的繁荣发展

1949年10月1日中华人民共和国成立，中国社会发展揭开了崭新一页，中国马克思主义史学的发展也进入一个新的发展阶段。马克思主义史学不再仅仅是中国史学的一个流派，唯物史观成为历史研究普遍的指导思想。新中国成立后，为了迎接社会主义经济建设、文化建设高潮的到来，马克思主义史学在基础理论研究中，十分重视理论建设，并得到前所未有的发展。“文革”十年，马克思主义史学遭受严重摧残。党的十一届三中全会胜利召开后，改革开放，中国马克思主义史学拨乱反正，进入了新的繁荣发展时期。

1. 唯物史观指导地位的确立

20世纪20年代至30年代初，中国马克思主义史学问世后，唯物史观在中国日益产生广泛的影响，但从总体上说，广大知识分子对唯物史观仍较陌生。新中国成立后不久，即在知识分子中开始了普遍的马克思主义思想教育运动，史学界也不例外，包括老一辈的史学家在内，广大史学工作者以积极学习、应用唯物史观为标志，揭开了新中国历史研究的崭新一页。大力宣传、学习和普及唯物史观，成为新中国加强马克思主义史学理论研究的基础和前提。

1949 年 7 月 1 日，中国新史学研究会成立，郭沫若任主席。研究会宗旨之一，就是“学习并运用历史唯物主义的观点和方法，批判各种旧历史观”[①]。同年 9 月 29 日，新中国成立前夜通过的具有宪法性质的《共同纲领》中也明确规定：“提倡用科学的历史观点，研究和解释历史、经济、政治、文化和国际事务。”[②]1951 年 7 月 28 日，在中国新史学研究会的基础上，成立了中国史学会。郭沫若指出，自中国新史学研究会成立后的两年间，中国史学界已经出现了从唯心史观向唯物史观的转变。“延安五老”之一吴玉章在会上有《中国历史研究工作的方向》的报告，重申历史研究要坚持马克思主义唯物史观的理论指导。新中国成立前，马克思主义史学只是中国史学的一个流派，新中国成立后，马克思主义史学则成为中国史学的主流，对当代中国史学发展的方向起着决定性的作用。一些马克思主义史学家密切结合历史研究实践，积极宣传马克思主义基本原理，为普及历史唯物主义，坚持历史研究以马克思主义为理论指导做出了重要贡献。例如，1949 年 11 月，吕振羽在东北行政学院（东北人民大学、吉林大学前身）研究班讲授了生产力和生产关系的矛盾的统一及其斗争、阶级分析方法、劳动人民是历史的创造者、历史进程中统治阶级和被统治阶级的关系、杰出人物在历史上的作

---

① 《人民日报》，1949 年 7 月 2 日。

② 中共中央文献研究室：《建国以来重要文献选编》（一），中央文史出版社 1992 年，第 11 页。

用、历史进程的基本矛盾，以及历史事件之间的内在联系、历史规律性、历史发展的辩证法和历史的进步趋势等方面的课程。他结合历史研究实践，深入浅出地介绍了唯物史观的基本原理。这种马克思主义史学理论的启蒙教育，对新中国刚刚成立时的中国史学界是十分必要的。

1953 年 8 月，中共中央批准成立“中国历史问题研究委员会”。历史研究委员的工作，从增设历史研究所、办刊物、出一批资料书做起，如决定编辑出版《历史研究》杂志，成立由郭沫若、胡绳、陈翰笙、刘大年、范文澜、翦伯赞、吕振羽、侯外庐等著名的马克思主义史学家组成的编委会，由郭沫若做召集人。《历史研究》杂志的重要任务之一，是推动广大史学工作者认真学习马克思、恩格斯、列宁、斯大林关于历史唯物主义的基本著作，提倡用马克思主义的立场、观点和方法去研究和解释历史。新中国成立后不久，马克思主义经典作家的全集、选集或文选，相继翻译出版，《毛泽东选集》也自 1952 年开始出版，为广大史学工作者自觉学习唯物史观，用唯物史观指导历史研究，创造了有利的条件。

1954 年《历史研究》创刊时，郭沫若为创刊号撰写了《开展历史研究，迎接文化建设高潮》一文。这篇文章不仅明确指出了新中国历史研究的具体任务，而且旗帜鲜明地强调，广大史学工作者要“学习应用马列主义的立场、观点和方法，认真的研究中国的历史，研究中国的经济、政治、军事和文化，对每一个问题要根据详细的材料加以具体的分析，然后引出理论性的结论来”[①]。郭沫若

①《毛泽东选集》第 3 卷，人民出版社 1991 年，第 837 页。

说，这是1942年2月1日，毛泽东同志在延安党校开学典礼大会上讲的话，到今天已经整整12年了。然而这就和在今天当面给予我们以指示一样。这本来是对于学习革命工作的一般的指示，而在我们历史研究工作者是特别感受到分外的亲切的。四年来，我们历史研究工作者，在雄壮的革命进军中经过了空前未有的规模宏大的自我改造的思想学习，对于这个亲切的指示，我们相信是有了更普遍的接受和更深入的体会了。我们对于马克思列宁主义的认识和应用是应该采取不断学习的态度的。精读马克思、恩格斯、列宁、斯大林的著作，自然是很好的学习，但如从工作中切实地进行体验可能是更好的学习。我们就请从我们所从事的历史研究工作这一门科学方面努力达到实际的成果，来进行马克思列宁主义的深入的学习吧。

郭沫若还说，中国人民革命的胜利，对全世界是一个极大的鼓舞，因而世界人民特别是追求解放的人民对中国的历史和现实便感到莫大的憧憬，他们想从这里求得解决他们本身问题的钥匙。然而在世界史中关于中国方面的研究却差不多还是一片白页。这责任是落在我们的肩头上的，我们须得满足内外人民的需要，把世界史上的白页写满，我们须得从历史研究这一角度来推进文化建设，促成社会主义工业化的实现。①

新中国成立后，在对胡适的唯心主义历史观和实用主义的史学方法进行批判时，涉及如何运用唯物史观分析中国历史，如何科学地评价历史人物，如何认识历史前进的动力，以及如何认识历史矛盾运动的规律性等。这对于宣传和学习唯物史观产生了积极的影响。

---

①参见郭沫若：《开展历史研究，迎接文化建设高潮——为〈历史研究〉发刊而作》，《历史研究》，1954年第1期。

广大史学工作者，包括一些著名的老一辈史学家，如陈垣等，表示“一切从头学起”，对以唯物史观为理论指导研究历史，表现出很高的热情和积极性。

1950年，中国科学院成立，原华北大学历史研究室改为中国科学院中国近代史研究所，范文澜出任所长。1952年1月6日，《光明日报》发表《科学工作者应怎样展开“新我”对“旧我”的斗争》。这是范文澜在中国科学院研究人员学习会上的发言。范文澜虽来自延安，1939年即已加入中国共产党，且有多种马克思主义史学著作问世，但他仍然积极投身于批判唯心史观、学习唯物史观的热潮中去，努力跟上时代的步伐。1954年9月19日，《人民日报》刊载了范文澜在全国人大的发言，他说：“我们国家各个方面进步都很巨大，今后的进步一定会更加巨大。这是完全无容置疑的。不过历史遗留下来的落后现象，在许多方面还是存在着。就以历史科学部门来说，中国近代史特别是中国现代史，革命的经验教训极端丰富。如果史学工作者能够运用马克思列宁主义的观点和方法，很好地把革命历史整理出来，对中国文化建设会有很大的用处。可是，像我们这样算是学习历史的人，许多年来我没有做出过像样子的工作，按照工作上所需要的质量和数量来看，简直落后得可怕。”范文澜的发言具有普遍的意义，史学在新的历史时期，应更多、更好、更充分地实现其学术的和社会的功能，为新中国服务，这是广大史学工作者的共同心声。

1957年，范文澜应北京大学历史系的邀请，在该系作了题为《历史研究中的几个问题》的学术报告。报告谈了四个问题，依次是关于学习理论的问题、关于掌握资料的问题、关于文字表达的问题、关于言行一致的问题。四个问题，从四个方面普及了马克思主义史学理论的基本知识，有助于青年学生树立正确的人生观、历史观。例如，关于学习理论，范文澜说："学习马克思主义要求神似，最要不得的是貌似。"所谓"神似"，就是"学习理论是要学习马克思主义处理问题的立场、观点和方法。学了之后，要作为自己的行动指南，把马克思主义理论和实践联系起来，也就是把普遍真理和当前的具体问题密切结合，获得正确的解决。问题的发生新变无穷，解决它们的办法也新变无穷，这才是活生生的富有生命力的马克思主义，这才是学习马克思主义得其神似"。范文澜言简意赅地对"貌似"进行了分析和批评："貌似是不管具体实践，把书本上的马克思主义词句当作灵丹妙药，把自己限制在某些抽象的公式里面，把某些抽象的公式不问时间、地点、条件，千篇一律地加以应用。这是伪马克思主义，是教条主义。"[①] 范文澜报告的全文，在同年《北大学报》第2期发表。报告的内容不仅在北大历史系，而且在中国史学界都产生了积极的反响。在全国人民掀起学习马克思主义的热潮中，范文澜理论联系历史研究的实际，提出如何做到"神似"，而不是"貌似"，这表明学习马克思主义的热潮正在走向深入，对于广大史学工作者正确掌握马克思主义，树立正确的人生观、价值观和历史观，是十分有益的。

新中国成立后，唯物史观在中国史学界确立的过程，既是马克思主义史学理论在中国形成和发展的过程，也是马克思主义史学队伍一代新人健康成长的过程。在这个过程中，最重要的是立场问题。"立场问题是一个根本性的问题。……古今中外的历史家，也无不

① 《范文澜历史论文选集》，中国社会科学出版社1979年，第208页。

站在一定的阶级立场上去研究和编写历史。在我国，从孔丘、司马迁到王国维、章太炎等人，哪一个不是这样？在西方，从孔德、韦尔士到当代美国的宣扬绝对唯心史观的‘新史学’派、相对主义、现代主义等等流派，也无不是这样。”“站在无产阶级的立场上，也就是站在真理的立场上来研究历史，这样才能揭发问题的实质，认识历史发展的客观规律。”[①]马克思主义史学是一门社会内容十分丰富、意识形态色彩十分具体的科学，基于这样的认识，学习唯物史观，运用唯物史观认识历史、研究历史，成为广大史学工作者的自觉。唯物史观指导地位的确立，是近代以来中国史学发展的根本性的转折，更是几千年以来中国传统史学的根本性的转折。毋庸讳言，中国史学在这种历史性转折的过程中，受“左”倾错误思潮的影响，也出现有失误，经历了曲折的发展过程。但是，用唯物史观指导中国史学研究所取得的成绩毕竟是主要的，马克思主义史学理论体系在历史研究的实践中，逐渐建立起来，为日后马克思主义史学在中国的发展奠定了坚实的理论基础。

2. 马克思主义史学理论建设

近代以来，中外史学发展的历史都表明，史学的发展离不开理论的指引，离不开理论的支持。在这个意义上可以说，没有理论就没有历史科学。中国马克思主义史学的发展也如是。马克思主义史学理论建设的出发点和归宿都十分明确，那就是如何运用

---

① 吕振羽：《怎样学习历史》，《历史教学》，1960年第10期。

唯物史观去认识、分析中国和世界的历史，科学地回答人类历史矛盾运动的一般规律和特殊规律，使历史研究的成果越来越接近客观的历史真理。

新中国成立后，马克思主义史学的理论建设自然提上日程，这不仅是学科发展使然，也是中国人民在中国共产党的领导下，推翻了“三座大山”后，现实的中国社会发展的呼唤。马克思主义史学理论建设要立足历史研究的现实，进行艰苦的理论探讨。“当然，这是一件需要历尽千辛万苦方克有成的伟业；另一方面，它又不是一劳永逸便能耸峙的大厦。经验表明，建立马克思主义的史学理论体系，或许需要一两代人的艰苦摸索和冷静思考，需要认真总结前人的成败和反复检验自己的得失，庶几得以粗具规模。此后，随着实践的不断变化，知识的日益更新，免不了还要不断丰富和发展理论的内容，变化和调整理论的形式，以求得更多一些真理，更少一些错误，让理论随生活而常青。”① 事实正是这样，从新中国成立以来中国史学界对一些重大理论问题的研讨、争论和交锋中，可窥一斑。

当时，展开热烈讨论的重大理论问题有：中国古代史分期（即中国奴隶制与封建制分期）、中国封建土地所有制形式、中国古代农民战争、汉民族形成、中国资本主义萌芽、中国封建社会的长期性、中国古代民族关系、亚细亚生产方式、阶级观点与历史主义、爱国主义与民族英雄、历史人物的评价等。在这十余个问题中，其中前 5 个问题被人们称为“五朵金花”，这 5 个中国史研究中的重大

① 庞朴：《建国以来史学理论问题讨论举要·序言》，载历史研究编辑部《建国以来史学理论问题讨论举要》，齐鲁书社 1983 年，第 3—4 页。

理论问题，可视为20世纪30年代中国“社会史大论战”的延续和深化，也是新中国成立后，在新的历史条件下马克思主义史学理论建设的具体内容。在各种不同学术观点的交锋中，研究者们提出了许多新的研究视角、理论方法，开辟了诸多新的研究领域，不少以往很少涉及或几乎不曾涉及的问题，进入了史学家的研究视野，这一切有力地推动了史学与文献学、经济学、社会学、人口学、民族学等相关学科的交流、交融。传统史学的界限变得越来越模糊了，历史研究出现一批新的增长点，这对新中国历史科学的发展是十分重要的。

当时，三联书店出版了《汉民族形成问题讨论集》（历史研究编辑部编）、《太平天国革命性质问题讨论集》（景珩、林言椒编）、《中国封建社会土地所有制形式问题讨论集》（南开大学历史系中国古代史教研组编）、《中国近代史分期问题讨论集》（历史研究编辑部编）、《中国古代史分期问题讨论集》（历史研究编辑部编）、《中国的奴隶制与封建制分期问题论文选集》（历史研究编辑部编）、《中国历代土地制度问题讨论集》（历史研究编辑部编）、《中国封建社会农民战争问题讨论集》（史绍宾编）等文集。这些半个多世纪前问世的文集，真实地反映了“五朵金花”热烈讨论、交锋时的情景，记录了中国马克思主义史学理论建设的发展轨迹，至今仍有重要的学术价值。有人认为“五朵金花”仅仅是“意识形态语境”中的学术论战，是“战时史学”体系的产物，这显然与事实不符。

关于“中国古代史分期”问题，争论主要在中国奴隶社会与封建社会的分期，即中国奴隶社会何时结束，封建社会何时开始。主要的观点有“战国封建说”“西周封建说”和“魏晋封建说”等。这些不同观点的提出，直接引申出的问题是，人类历史进程是否只按照一种单线的模式行进；马克思主义学说所揭示的社会历史发展规律，是否适用于世界各民族各国家的历史发展过程；结合中国的历史与现实，涉及马克思主义的社会形态理论是否适用于解释中国历史，并以此说明中国革命的性质与前途。一些人主张奴隶社会并非是人类历史发展的必经阶段。经典作家关于奴隶制的理论，主要是以分析古希腊、罗马社会为基础总结出来的，不能代表人类社会的普遍发展规律——中国即没有经过奴隶社会发展阶段。但也有不少学者认为不能轻易否定奴隶制在中国历史上的存在，尽管不能绝对地理解为一切民族或国家都必经这个阶段，但是作为人类历史发展的共同规律，奴隶社会的存在具有普遍的意义。各种观点之间虽然存在着较大分歧，但随着深入研究中国古代的实际，坚持唯物史观人类历史发展的统一性和多样性的原则，各种不同观点在“百家争鸣”方针的指引下，竞相争论，从而使研究不断深入。

关于中国封建土地所有制形式问题，不同观点的交锋，主要集中在两个问题上，其一：封建土地所有制的形式问题，即封建土地所有制除了国有制形式之外，是否可以有私有制这种形式；其二，如果封建土地所有制有国有和私有两种形式，那么，中国封建土地所有制属于哪一种形式。通过讨论，大多数论者在以下问题上取得一致：封建社会可以存在多种类型的土地所有制，但占支配地位的则是封建主的大土地所有制。封建社会的基本矛盾，即地主与农民的矛盾就是建立在封建主的大土地所有制基础之上的。具体在中国的历史上，同时存在国有土地、地主的土地、自耕农的土地这三种土地所有制的形式。在这三种形式中，“国有土地”和“地主的土地”的阶级属性是相同的，有共同的阶级基础，都属于地主阶级占有土地以剥削农民。在中国封建社会，国有土地与私有土地同时存在。

典籍中的“公田”和“官田”就是指国有土地；“民田”则是指私有土地。这种情况并非仅仅是中国所特有，在埃及、印度等国家的历史上也存在过。地主土地所有制与自耕农土地所有制，虽然都是“私有土地”，但性质则截然不同。自耕农的土地，是小块的土地。地主的土地是对雇农、佃农进行剥削的工具。深入研究中国封建土地所有制，可发现地主土地所有制始终占支配地位，其在中国封建社会的土地制度中，起主导的和制约的作用。超经济强制及封建专制主义与中央集权的政治制度的形成有直接的联系。

关于中国古代农民战争，争论的主要问题是中国农民战争的性质，和与之相关联的如何认识农民政权的性质。具体问题如“中国农民战争是否具有反对地主阶级、反对封建制度的性质”等。一些人提出：中国农民战争自始至终只反对个别王朝、个别皇帝、个别官吏和个别地主，不反对整个封建制度和地主阶级。农民阶级的思想还是封建主义的。在封建制度下，农民不可能建立自己的政权。这个阶级所代表的生产关系不能作为一种新的经济基础，农民战争中出现的政权，只能是封建性的。1951 年初，翦伯赞曾在《学习》杂志第 3 卷第 10 期发表《论中国古代的农民战争》，文章认为：“每一次大暴动都或多或少推动了中国封建社会的发展。因为在每一次大暴动之后，新的统治者，为了恢复封建秩序，必须对农民作某种程度的让步，这就是说，必须或多或少减轻对农民的剥削和压迫，这样就减轻了封建生产关系对生产力的拘束，使得封建社会的生产力又有继续发展的可能，这样就推动了中国历史的前进，因而中国历史上的每一个农民暴动或农民战争，可以说，都是中国封建社会向前发展的里程碑。”1963 年 12 月 22 日，翦伯赞在《光明日报》发表《对处理若干历史问题的初步意见》，文章对他十年前的说法做了重要修改。他说："在经历了一次大的农民战争以后，封建统治阶级为了恢复封建秩序，有时对农民作出一定程度的让步，但不是对每一次农民战争都让步，他们对于那些小的局部的农民战争是不会让步的。让不让，让多少，这要决定于阶级对抗的形势，决定于农民战争带来的阶级力量对比的变化。"这种修改是必要的，这样就更加接近事实。翦伯赞的"让步政策"观点，在讨论中得到不少人的赞同，并得到多人的进一步的丰富和完善。通过对中国古代农民战争的讨论，人们把被颠倒的历史再颠倒过来，肯定了农民起义在历史发展中的作用。

范文澜在《历史研究》1954 年第 3 期发表论文《试论中国自秦汉时成为统一国家的原因》，对汉民族形成的问题，进行了较全面的论述。范文澜根据斯大林指出的民族的四个特征，即共同的语言、共同的地域、共同的经济生活、共同的文化，认为秦汉时代汉族已经具备了"民族"的这些特征，同时他又提出"独特的民族"的理论，强调"汉族自秦汉以来既不是国家分裂的部族，也不是资本主义时期的资产阶级民族，而是在独特的社会条件下形成的独特的民族"。有人支持范文澜的观点，也有人反对，反对者的依据是：按照斯大林所说"民族"的定义，资本主义以前没有"民族"，只有"部族"，因为作为"民族"共同经济生活的基础的民族市场还无法形成。他们认为，范文澜把"车同轨、书同文、行同伦"理解成共同的语言、共同的地域、共同的经济生活、共同的文化是不妥的。

关于中国古代民族关系问题，首先涉及的是如何理解历史上的中国。大多数人认为，我国自古以来就是一个统一的多民族的国家，即：自秦汉以来，经过两千多年的发展变化，到了清代，我国的版图和疆域便确定下来了。在这个历史发展过程中，汉民族的政治、经济、文化发展水平较高，起主导作用，其余各个少数民族，也都为祖国的缔造和发展做出了自己的贡献。历史上在中国的版图内，除了汉族还有少数民族，中国的疆域不仅包括中原王朝，也包括少数民族独自建立的国家或政权的辖区；不能将历史上的中国与汉王朝画等号。中国历史上各族人民长时间互相影响，友好共处，共同反对封建压迫和外来侵略，共同缔造了祖国。

关于中国资本主义萌芽问题，由于论者对资本主义萌芽的含义理解不同，所以对中国资本主义萌芽产生的时间认识也各不相同。有人认为它出现于北宋，也有人上溯至唐，甚至更早。中国资本主义萌芽的主要形式被认为是工场手工业的出现，大多数学者把它作为中国资本主义生产关系出现的起点，认为它产生于明中叶，到清中叶有了较大的发展。当时有一种观点认为，没有外国资本主义的侵入，中国就不会产生资本主义，显然不符合事实。毛泽东说："中国封建社会内的商品经济的发展，已经孕育着资本主义的萌芽，如果没有外国资本主义的影响，中国也将缓慢地发展到资本主义社会。"[①] 这对于研究中国资本主义萌芽问题，有重要的指导意义，为广大研究者所接受。鸦片战争后，中国逐渐沦入半殖民地半封建社会，中断了中国向资本主义发展的轨道。外国资本主义"一方面，破坏了中国自给自足的自然经济的基础，破坏了城市的手工业和农民的家庭手工业；又一方面，则促进了中国城乡商品经济的发展。这些情形，不仅对中国封建经济的基础起了解体的作用，同时又给

① 《毛泽东选集》第2卷，人民出版社1991年，第626页。

中国资本主义生产的发展造成了某些客观的条件和可能"[①]。正确认识中国资本主义的萌芽，对于科学认识近代以来中国的历史有重要的理论意义。

1963年，刘大年在《历史研究》第3期发表长篇论文《中国近代史问题》，这既是对新中国成立以来中国近代史研究领域马克思主义史学理论建设的总结，也在此基础上，从实际出发对今后就中国近代史研究如何加强马克思主义史学理论建设提出了具体的意见。刘大年认为，马克思主义历史科学要通过具体历史的研究，揭示历史规律。这就使一切革命的人们可以根据对客观规律性的认识去能动地改造世界。研究中国近代史，就是要研究这一历史时期的历史发展规律，满足现实中国社会发展的需要。

刘大年从以下四个方面，阐释了中国近代史研究的根本任务：一是"近代中国阶级、阶级斗争规律的知识，可以武装一切真正的革命者，武装正在建设社会主义的我国广大人民"。二是"需要研究近代中国阶级斗争的客观规律，来深刻阐明党在民主革命时期的路线、方针和政策"。三是"中国民主革命时期复杂的阶级斗争为中国人民积累了异常丰富的革命经验。今天迫切需要对这些经验从理论上，即从历史规律性上加以阐述、总结"。四是"需要掌握近代中国阶级斗争规律的知识，更有力地与资产阶级反动思想作斗争"。刘大年强调，研究中国近代史和研究中国古代史、世界史的目的是一样的，都是"揭示生产力和生产关系之间的矛盾与发展规律，揭示经济基础和政治、思想等上层建筑之间的关系与发展规律，用历史经

① 《毛泽东选集》第2卷，人民出版社1991年，第6266页。

验、历史知识丰富人们的思想，提高人们的认识”。这些不仅对近代史研究的马克思主义史学理论建设有重要意义，而且对提高整个中国马克思主义史学理论水平，都是有益的。

3. 改革开放和当代中国历史科学

1978 年党的十一届三中全会后，恢复了马克思主义实事求是、一切从实际出发、理论联系实际的科学精神，打破了“左倾”思潮影响下盛行的种种精神枷锁，重新确立了解放思想、实事求是的辩证唯物主义思想路线。改革开放极大地促进了社会生产力的发展，同时，历史科学迎来了自己的春天。

1979 年 3 月，在成都召开的全国历史学规划会议上，明确提出加强马克思主义史学理论研究的任务，立即得到广大史学工作者的认同。痛定思痛，大家从自身的研究实践中，特别是从中国史学发展的曲折道路中，深深感受到加强史学理论研究的重要性和必要性。1983 年 5 月，全国哲学社会科学规划会议在长沙召开，会议再次强调要加强马克思主义史学理论研究，做出了定期召开全国性的史学理论研讨会的决定。

改革开放使中国完成由计划经济体制向社会主义市场经济体制的过渡；中国满怀信心地走向世界，参与更多的国际事务，为促进全球经济发展贡献了中国智慧。这一切，是中国社会发展的重大历史转折，必将引发人们对历史的深入思考，促使人们站在新的历史起点上，重新审视往昔的历史进程，从而清醒地认识现实，科学地展望未来；促使历史研究突破形形色色的思想束缚，在马克思主义史学理论指导下，不断地提出新问题，回答新问题。广大史学工作者以极大的政治、学术热情，拨乱反正，不仅在短短的时间内在各自的研究领域取得了令世人瞩目的丰硕成果，而且从整体上推动了中国历史学的发展。

在改革开放新的历史时期，广大史学工作者积极投身于建设中国特色社会主义的宏伟事业中，努力使历史研究更好地实现其科学认识功能和社会功能。唯物史观是开放的科学体系，它随着时代的进步而进步，随着整个人类科学的发展而发展。当代社会发展和科技革命都发生了许多新变化，提出了许多新的、重大的理论问题。唯物史观需要面对现实，与时俱进，不断丰富自己的概念、理论、范畴和方法。大家自觉坚持唯物史观的理论指导，但不应把它当作僵死的教条和现成的公式，而应把它作为研究的指南，坚持其立场、观点和方法。

从上述基本认识出发，新时期的历史研究，首先是不断深化马克思主义史学重大理论问题的研究，如历史认识的主客体关系、历史主义与阶级观点、历史的创造者、社会形态的演进、“亚细亚生产方式”问题的论争、地理环境对历史发展的作用、关于历史矛盾运动的普遍规律和特殊规律、中国古代文明的起源、中国历史的特点、中国封建土地制度、中国封建社会的长期性和延续性、专制主义和皇权主义、中国古代民族关系、古代的爱国主义与民族英雄、中国文化的结构、中国近代史基本线索与分期、租界对近代中国的影响、中国民族资产阶级的形成和特点、清末立宪运动与立宪派的评价、辛亥革命、三民主义，以及对孔子、秦始皇、曹操、武则天、王安石、海瑞、光绪皇帝、李秀成、章太炎等诸多历史人物的评价等。这些问题，有些是老问题，是20世纪30年代或新中国成立初期提出的问题，但改革开放新时期对这些问题的研究，并不是简单地重复，而是赋予其新的时代特征和社会内容；有些问题，则是解放思想后提出的新问题。随着马克思主义史学理论的深入研究，史学家们自觉坚持马克思主义在历史研究中的指导地位，努力掌握马克思主义活的灵魂，用发展着的马克思主义指导科研工作，保证了历史研究的正确方向，推动了历史研究的繁荣发展。

1999 年，白寿彝主编的《中国通史》历经 20 年终于出齐，共 12 卷 22 册，约 1400 万字。这部著作上起远古时代，下迄中华人民共和国成立，具有鲜明的理论特色和民族风格，是迄今最为完备的中国通史。这部通史对中国各历史时期的政治、经济、文化、社会发展及重大事件、主要人物，都有较详尽的阐述，而且在一些历史理论上多有创新之处。例如书中提出中国历史上多种生产方式并存的认识，且对生产力性质的认识、国家职能的认识和民族关系的认识等都提出了不少值得深入思考的问题。多卷本《中国通史》史料翔实，兼具学术性与资料性，代表了当代中国通史研究的最高水平。该书出版时，首都史学界在北京师范大学举行了隆重的学术讨论会，党和国家领导人写信祝贺，成为世纪之交中国史学界的一件大事。

谭其骧主编的《中国历史地图集》8 册，1982—1988 年由中国地图出版社出版，自原始社会、夏、商、西周、春秋、战国时期，到清王朝，按年代分为20个图组，共有304幅地图，地名7万多个。主要内容包括已知原始社会遗址和其他时期重要遗址的分布，中国历史上各民族建立的政权的疆域政区或活动范围、民族分布，秦以前见于记载的全部可考地名，自秦代开始全部县以上地名、一二级政区的界线等。《中国历史地图集》的问世，填补了中国历史地理以上方面研究的空白，完成了几代史家的心愿，对中国历史学科建设具有重要的意义。

同一时期的重要的学术成果还有赵德馨主编的《中国经济通史》12卷、龚书铎主编的《中国社会通史》8卷、郑师渠主编的《中国文化通史》10卷、李新等主编的《中国新民主革命通史》12卷、许涤新等主编的《中国资本主义发展史》3卷、刘大年主编的《中国近代史稿》3册，以及胡绳所著《从鸦片战争到五四运动》(上下)等。这些著作在各自的研究领域中居于领先地位，精益求精，在史学理论、史学方法，以及研究结论上多有创新之处，在某些方面据有重要的开拓意义，堪称新时期史学的标志性成果。

改革开放后，中国史学彻底结束了自我封闭的状况，满怀信心地走向世界，广大史学工作者同国外同行建立起密切的联系，通过互访及出席各类学术会议，共同研讨人类历史进程中的重大理论问题或史学自身发展中的重要问题。这不仅使中国史学界加深了对世界各国史学发展的了解，而且也有助于增进国际史学界对迅速发展的中国史学的认识。1980年中国史学会组团，作为非会员国参加在罗马尼亚布加勒斯特举行的第15届国际历史科学大会，这是“文革”结束后，中国史学界第一次组团出席国际史坛盛会，引起广泛关注。此后，中国史学家参加了历届国际历史科学大会。2005年7月，第20届国际历史科学大会在澳大利亚悉尼新南威尔士大学举行，来自世界60多个国家的1200多名学者出席了大会。中国史学会派出了30余人组成的中国史学家代表团，并在会上成功地举行了题为“近现代以来的中国与世界”的专题讨论。2015年8月23日，第22届国际历史科学大会在中国济南开幕。国家主席习近平发来贺信，向会议的召开表示热烈的祝贺。他说，这次大会的主题之一是“全球视野下的中国”，这是一个很好的题目。中国人民正在为实现中华民族伟大复兴的中国梦而奋斗，需要从历史中汲取智慧，需要博采各国文明之长。欢迎各位专家从对历史的感悟中为我们提供真知灼见。

第二次世界大战后，西方史学中的历史学分支学科得到较迅速的发展，这在新时期的中国史学研究中受到重视。二战后，哲学人文科学研究中的理论化和整体化趋势明显加强，对我国历史学产生了十分深刻的影响。这主要表现为：历史学的研究领域不断扩大；宏观性的研究课题愈来愈引起研究者的关注；传统的研究方法已经无法完成某些课题。计量方法、比较方法，以及其他人文科学相关学科的研究方法开始被历史学家采用。这一切都促进了新的历史学分支学科的形成和发展。20世纪90年代，我国一批研究成果问世，就历史社会史学、人口史学、家庭史学、妇女史学、城市史学、新经济史学、新政治史学、心智史学、比较史学、计量史学、心理史学、口述史学、文化史学等进行了较系统的研究，对每一分支学科产生的社会历史背景、主要理论观点及方法、代表性著作及代表性人物、在史学发展史上的地位及影响等，进行了较全面的分析。这些新时期史学研究的重要成果，丰富了中国马克思主义史学的理论和方法论，成为新时期中国史学令世人瞩目的重要内容之一。

在改革开放的新时期，中国的世界历史研究进入了学科发展的黄金时代。建设有中国特色的社会主义，需要借鉴外国的历史经验。改革开放这个大环境，为我国世界史研究的发展提供了历史的机遇。我们不仅要学习中国历史而且也需要学习世界历史，只有这样才能认清当今世界风云变幻的规律性内容，认清我国的基本国情和发展趋势。总之，中国改革开放所面临的一些重大问题，都离不开用宽广的世界历史眼光去认识和分析，不断加强我国的世界史研究是时代的呼唤。我国世界历史研究最重要的理论成果之一，就是继承中国马克思主义史学的优秀传统，提出并逐渐形成了具有中国特色的世界历史研究理论体系。

1990年，吴于廑在《中国大百科全书 · 外国历史》的《导言》中提出："世界历史学科的主要任务是以世界全局的观点，综合考察各地区、各国、各民族的历史。"他认为，人类历史发展为世界历史，经历了纵向发展和横向发展漫长的过程。纵向发展，"是指人类物质生产史上不同生产方式的演变和由此引起的不同社会形态的更迭"。而横向发展，"是指历史由各地区间的相互闭塞到逐步开放，由彼此分散到逐步联系密切，终于发展成为整体的世界历史这一客观过程而言的"。历史正是在不断的纵向、横向发展中，"已经在越来越大的程度上成为世界历史"，因此，"研究世界历史就必须以世界为一全局，考察它怎样由相互闭塞发展为密切联系，由分散演变为整体的全部历程，这个全部历程就是世界历史"。① 吴于廑提出的世界史体系，是其常年研究的结晶，无论是当时还是后来，对中国世界史学学科建设都具有重要的意义。吴于廑、齐世荣主编《世界史》（6卷），由高等教育出版社在1992—1994年出版。这是由国家教委委托主编的高校教学用书。这部著作集中反映了中国学者当时在世界通史研究的最新成果，涉及经济、政治、文化、社会等方面。和以前的教材相比，内容更为丰富，视野更开阔，而且在体系、历史分期、中国在世界的地位等问题上，都提出了自己独特的见解。如在编纂时采取了纵横交错的方法，既有历史的纵向演变，也重视这一历史时期各地区、民族和国家之间在经济、政治、文化等

①《中国大百科全书·外国历史》，中国大百科全书出版社1990年，第1页、第5页、第15页。

方面的横向联系，并充分关注了中国在世界史中的地位和影响。

2012 年，中国社会科学院的重大课题之一，中国社会科学院原副院长武寅研究员主持的《世界历史》，由江西人民出版社出版。《世界历史》由理论与方法、经济发展、政治制度、民族与宗教、战争与和平、国际关系、思想文化、中国与世界等 8 卷 38 册组成。课题组以马克思主义唯物史观为理论指导，通过对复杂的世界历史进程的研究，科学地回答了人类历史发展中的一系列重大理论问题，揭示了人类历史发展的一般规律和特殊规律，以及不可逆转的进步趋势。多卷本《世界历史》的理论创新点主要表现在以下四个方面：一是对世界历史的研究是建立在对当代中国和世界一系列复杂问题的思考上。历史感与现实感的结合，使多卷本《世界历史》体现出鲜明的时代精神。二是采取专题与编年相结合的撰写体例，强调以时间为纵线，点面结合；既有一定的时空涵盖面，又有专题研究的学术纵深度，这样使得本课题的历史视野更加开阔。三是中国史是世界历史不可或缺的组成部分，在本课题中独立成卷、重点探讨了中外文化的碰撞、交流和交融，以及这些对世界和中国历史发展产生的影响。四是多卷本《世界历史》开拓了许多新的研究领域。作为对传统史学方法的补充和完善，这部著作汲取了哲学社会科学相关学科的理论和方法，如社会学、人口学、人类学、心理学、政治学、宗教学的理论与方法，以及比较方法等，在史学方法创新上，进行了积极的探索。《世界历史》是改革开放以来，我国世界通史性研究的标志性成果，反映了我国世界通史研究的最新进展和所达到的最新水平，是我国几代世界史学者的心血结晶。

改革开放以来，中国历史科学取得的成绩举世瞩目，在古代中世纪史研究、亚非拉美近现代史研究、俄罗斯东欧史研究、西欧北美史研究、外国史学理论研究、专门史研究（主要是马克思主义史学思想史、国际关系史研究、第二次世界大战史研究、华侨华人史研究）等方面，都完成了标志性的课题，都有精品力作问世。广大史学工作者认清使命，抓住机遇，在加强基础理论研究的同时，自觉加强马克思主义史学理论的研究和建设，关注现实，努力担负起认识世界、铭记历史、开创未来的职责。在历史研究中，史学工作者努力做到历史感与现实感的统一，使历史科学在建设中国特色社会主义的伟大事业中，做出应有的贡献。

十、跟毛泽东同志学读史

毛泽东同志是伟大的无产阶级革命家、理论家。他十分重视学习和研究历史，也十分重视对广大干部进行历史教育。毛泽东提倡读史，其目的是“古为今用”，从历史中汲取经验教训，用以指导革命实践活动。早在20世纪30年代，毛泽东就指出，在马克思主义史学诞生之前，人们对历史的看法常常是片面的、歪曲的，只有马克思主义史学才“能够对于社会历史的发展作全面的历史的了解，把对于社会的认识变成了科学”[①]。毛泽东的历史观，是毛泽东思想的重要组成部分，其继承了马克思主义的唯物史观，并与中国的历史与现实相结合，是马克思主义中国化的重要理论成果。在今天，学习毛泽东的史学思想，仍有重要的理论意义和现实意义。

1. 毛泽东的马克思主义历史观

青少年时代的毛泽东，是一位真诚的爱国者。他胸怀大志，以

①《毛泽东选集》第1卷，人民出版社1991年，第283页。

救国救民为己任。他阅读了大量典籍，中国古代尧、舜、秦始皇、汉武帝的事迹，令他向往；他对西方的历史也感兴趣，将西方的诗、传奇、古希腊神话和俄国、美国、英国、法国等国家史地的学习结合起来，对世界历史人物如拿破仑、彼得大帝、卢梭、孟德斯鸠、林肯等，也很熟悉。俄国十月革命胜利后，马克思主义在中国开始广泛传播。经历新文化运动和五四运动后，毛泽东的世界观发生了根本性的转变。从激进的革命民主主义者向共产主义者转变的同时，他的历史观也实现了向历史唯物主义的转变。

重视历史学习是中国共产党的优良传统。中国共产党一贯重视并倡导学习和研究历史、借鉴和运用历史经验。毛泽东说："指导一个伟大的革命运动的政党，如果没有革命理论，没有历史知识，没有对于实际运动的深刻的了解，要取得胜利是不可能的。"又说："学习我们的历史遗产，用马克思主义的方法给以批判的总结，是我们学习的另一任务。我们这个民族有数千年的历史，有它的特点，有它的许多珍贵品。……从孔夫子到孙中山，我们应当给以总结，承继这一份珍贵的遗产。这对于指导当前的伟大的运动，是有重要的帮助的。"[①]这就明确了研究历史对于中国革命的重要意义。研究和学习历史的出发点和归宿，是将历史和现实的革命斗争有机地结合起来，从而正确地指导中国革命。

毛泽东在这方面身体力行，堪称典范。他特别重视历史对于中国革命的指导作用。在新文化运动和五四运动期间，他研读了《共产党宣言》《社会主义史》等著作，建立起对马克思主义的信仰，

---

①《毛泽东选集》第2卷，人民出版社1991年，第533—534页。

成为一个马克思主义者。同时也广泛阅读经、史、子、集和稗官野史等史学著作，即使在井冈山时期、延安时期，也在搜购历史书籍。在社会主义革命和建设时期，他更是在日理万机中通读了《资治通鉴》《续资治通鉴》《纲鉴易知录》以及“二十四史”，还有各朝纪事本末等。在中国革命发展的各个阶段，毛泽东都有计划地研究中国的历史，通过中国历史的发展过程，去认识现实的中国。仅在4卷本《毛泽东选集》中，就可以看得到他曾引用过《左传》《资治通鉴》《吕氏春秋》《史记》《汉书》《礼记》《易经》《论语》《孟子》《老子》《庄子》《列子》《孙子》和《山海经》等历史典籍；他的文章中涉及的中外历史人物有100余人，诸如孔子、孟子、秦始皇、汉武帝、唐太宗、宋太祖、孙武、司马迁、韩愈、朱熹、曹操等。毛泽东对历史上的一些著名的思想家、诗人和改革者，如屈原、柳宗元、刘禹锡、李贽、魏源、龚自珍、林则徐、康有为、梁启超、谭嗣同、章太炎、邹容、陈天华等，也都有不同的评价。被统治阶级污蔑为“逆贼”“流寇”的农民起义军的领袖，如陈胜、吴广、张角、王仙芝、黄巢、李自成、洪秀全等，他们的故事也经常为毛泽东所引用。

毛泽东一贯强调：“研究问题应该从历史的分析开始。”“规律自身不能说明自身。规律存在历史发展的过程中。……不从历史发展过程的分析下手，规律是说不清楚的。”[①] 纵观毛泽东的一生，他的历史分析是建立在唯物史观基础之上的历史分析。通过“历史的分析”，总结出客观事物的规律性，只有这样才可以清醒

① 《毛泽东文集》第8卷，人民出版社1999年，第139页、第106页。

地把握中国社会发展的客观规律，从而胜任领导中国革命和建设的历史重任。

学习和研究历史，自然离不开对历史文献进行选择、鉴别和使用。在此过程中，既不能盲目拜倒在史料前不能自拔，也不能走到另外一个极端，不加分析地“否定一切”，陷入到文化虚无主义中去。对于中国历代的文化遗产，毛泽东认为：“应该充分地利用，批判地利用。中国几千年的文化，主要是封建时代的文化，但并不全是封建主义的东西，有人民的东西，有反封建的东西。要把封建主义的东西和非封建主义的东西区别开来。封建主义的东西也不全是坏的。我们要注意区别封建主义发生、发展和灭亡不同时期的东西。当封建主义还处在发生和发展阶段的时候，它有很多东西还是不错的。反封建主义的文化也不是全部可以无批判地利用的。封建时代的民间作品，也多少都还带有封建统治阶级的影响。”“我们应当善于进行分析，应当批判地利用封建主义的文化，而不能不批判地加以利用。反封建主义的文化当然要比封建主义的好，但也要有批判、有区别地加以利用。”[①] 这种辩证的科学态度，保证了对典籍进行的是唯物史观的阐释，使历史不再是史料的堆砌，或仅仅是历史过程的描述，而是将其赋予新的时代精神和新的社会内容。

是英雄创造历史，还是人民创造历史，这是区分唯心史观和唯物史观的基本标志之一。毛泽东反对“英雄史观”对历史的曲解，充分肯定人民群众的历史作用。他认为历史首先是劳动群众的历史，

①《毛泽东文集》第 8 卷，人民出版社 1999 年，第 225 页。

人民群众不仅是社会物质财富的创造者，也是社会精神财富的创造者，强调人民、只有人民，才是创造世界历史的动力。他在读《三国志》中的《张鲁传》后写道："历代都有大小规模不同的众多的农民革命斗争，其性质当然与现在马克思主义革命运动根本不相同。但有相同的一点，就是极端贫苦农民广大阶层梦想平等、自由，摆脱贫困，丰衣足食。"[①] 他还写道："中国从秦末陈涉大泽乡（徐州附近）群众暴动起，到清末义和拳运动止，二千年中，大规模的农民革命运动，几乎没有停止过。同全世界一样，中国的历史，就是一部阶级斗争史。"[②] 由以上可以看出，在封建制的中国，正是农民的阶级斗争、农民战争推动了历史的发展。

阶级和阶级分析、阶级观点，在马克思主义历史研究中占有十分重要的地位。马克思主义经典作家指出，他们"一贯强调资产阶级和无产阶级之间的阶级斗争，认为它是现代社会变革的巨大杠杆"[③]。"必须牢牢把握住社会划分为阶级的事实，阶级统治形式改变的事实，把它作为基本的指导线索，并用这个观点去分析一切社会问题，即经济、政治、精神和宗教等等问题。"[④] 毛泽东坚持马克思主义基本原理，并结合中国革命的实际，提出了"阶级斗争，一些阶级胜利，一些阶级消灭了。这就是历史，这就是几千年的文明史。拿这个观点解释历史的就叫做历史的唯物主义，站在这个观点的反

① 《毛泽东读文史古籍批语集》，中央文献出版社 1993 年，第 144—145 页。

② 《毛泽东读文史古籍批语集》，中央文献出版社 1993 年，第 151 页。

③ 《马克思恩格斯选集》第 3 卷，人民出版社 1995 年，第 685 页。

④ 《列宁选集》第 4 卷，人民出版社 1995 年，第 30 页。

面的是历史的唯心主义”[1]。这既是毛泽东指导中国革命的理论基础之一，也是他的历史观的核心内容之一。

毛泽东一生多次阅读曹雪芹的《红楼梦》，并不止一次在公开场合谈及这部古典现实主义名著。他不是把《红楼梦》当作小说阅读，而是以阶级斗争和阶级分析的观点，把它作为历史书来读，他认为不读《红楼梦》，就不懂中国封建社会。毛泽东认为《红楼梦》是很精细的社会历史，再现了200年前的整个的中国封建社会。清朝在乾隆年间开始走下坡路，曹雪芹借贾、史、王、薛“四大家族”的兴衰，生动、形象地揭示了封建专制制度的腐朽，封建专制必然走向灭亡的历史命运。

毛泽东读《红楼梦》时，十分重视《红楼梦》问世的历史背景。1962年1月，在“七千人大会”上，毛泽东在谈到17世纪以来西方资本主义发展历史时说：“17世纪是什么时代呢？那是中国的明朝末年和清朝初年。再过一个世纪，到18世纪的上半期，就是清朝乾隆时代。《红楼梦》的作者曹雪芹就生活在那个时代，就是产生贾宝玉这种不满意封建制度的小说人物的时代。乾隆时代，中国已经有了一些资本主义生产关系的萌芽，但是还是封建社会。这就是出现大观园里那一群小说人物的社会背景。”[2]这就是说，在西方资本主义开始发展的时候，中国的封建社会也逐渐产生了新的生产关系的萌芽。这种新的生产关系的出现，必将对中国封建社会的阶级结构、阶级关系产生重大影响。阶级观点，是理解《红楼梦》和《红楼梦》

---

①《毛泽东选集》第4卷，人民出版社1991年版，第1487页。

②《毛泽东文集》第8卷，人民出版社1999年，第301—302页。

所产生的那个时代本质内容的钥匙。

毛泽东阅读了不少西学学术名著，例如达尔文的《物种起源》、赫胥黎的《人类在自然界的位置》、摩尔根的《古代社会》、海斯等合著的《全球通史》、福尔的《拿破仑传》、马迪厄的《法国革命史》、霍兰·罗斯的《拿破仑一世传》等。毛泽东对有关法国大革命的著作尤其有兴趣。他认为，在西方资产阶级革命的历史上，像法国大革命一般阶级斗争之激烈、复杂，以及反封建之彻底，都是很少见的，要搞革命，就要研究法国大革命。

2. 以史为鉴，古为今用

“致用”是历史学发展的根本动因，治史的目的在于回答现实提出的问题。毛泽东研究中国历史的出发点和目的，即是通过研究中国的昨天，以懂得中国的今天，进而去探索中国的未来，寻求中华民族争取独立、自由和解放的道路。只有这样，才能真正做到“走历史必由之路”。从井冈山时期开始，他每转战到一个新的地方，都特别注意调查了解当地的历史地理情况，披阅地方史志，以作为决策的依据。为了更充分地实现史学的社会功能，毛泽东提出了“古为今用”的思想，即向古人学习的目的，是为了总结与吸取历史的经验教训，服务于现实的革命和建设实践。

《中国革命和中国共产党》，是毛泽东在抗日战争时期撰写的关于中国社会矛盾和革命对象、任务、动力及性质的政治著作。文章的第一章《中国社会》，是由其他同志起草，经过毛泽东修改而成。文章汲取了中国马克思主义史学家的研究成果，首先通过对中国历史的整体研究，揭示了中华文明从来不曾脱离人类文明发展的大道，而是走在人类社会发展的共同道路上。中国与世界的联系，生动地证明了马克思所揭示的世界历史矛盾运动客观规律性的真理性。中国是世界文明古国之一，有发达的农业、手工业和优秀的文化传统，有许多伟大的思想家、科学家、发明家、政治家、文学家和艺术家，有丰富的文化典籍。不仅如此，中华民族刻苦耐劳、酷爱自由，富有光荣的革命传统，在漫长的历史长河中，产生了很多的民族英雄和革命领袖。中华民族光辉灿烂的历史，是崇高的爱国主义情感的重要源泉。毛泽东对中国古代历史的精辟阐释，对于广大人民群众抵制文化虚无主义和历史虚无主义的侵蚀，树立科学的人生观、价值观有十分重要的意义。

从 1938 年 10 月始，抗日战争进入战略相持阶段。日本侵略军集中了大部分兵力，对中国共产党领导的敌后抗日根据地进行了灭绝人性的“大扫荡”。抗日根据地军民开展了艰苦的斗争，敌后战场逐渐成为抗日战争的主战场。在抗日战争最艰苦的阶段，《中国革命和中国共产党》发表在 1939 年底，尤其具有特殊的现实意义。书中对于中国历史的阐述弘扬了伟大的中华民族精神，《中国革命和中国共产党》的发表对于增强广大民众的民族自豪感和民族自信心，对于唤起广大民众更加自觉地投身于抗日战争中，具有不可替代的作用。

毛泽东对中国封建社会本质的认识，是和对中国革命的艰巨性、复杂性的认识紧密联系在一起。革命的道路不是笔直的，不可能一蹴而就，但革命在艰难曲折中，总是要前进要发展的。为此，就要求对革命的本质特征有具体的了解，而这种了解首先是历史的了解。毛泽东认为，自周、秦中国进入封建社会以来，封建制度在中国延续达 3000 年之久。在封建社会，自给自足的自然经济占主要地位。封建统治阶级——地主、贵族和皇帝，拥有绝大部分的土地，而农民则很少有土地，或者完全没有土地。农民要将收获的部分甚至大部分奉献给土地所有者；地主阶级的国家又强迫农民缴纳贡税，并强迫农民从事无偿的劳役去养活官吏及主要是用来镇压农民的军队。以皇帝为最高统治者的封建国家，是保护封建剥削制度的权力机关。正是这些决定了中国封建社会的长期延续和社会生产力的发展缓慢。

近代以来，西方列强侵略中国，自给自足的自然经济解体，中国逐渐成为世界资本主义的商品市场和原料供给地，中国开始沦为半殖民地半封建社会。毛泽东分析近代中国社会的特点，认为到了近代，封建时代的自给自足的自然经济基础是被破坏了，但封建剥削制度依旧存在，而且同买办资本、高利贷资本的剥削结合在一起，成了中国社会经济生活中的主要势力；民族资本有了某些发展，但它没有成为中国社会经济的主要形式，是很软弱的，大部分与外国帝国主义和国内封建主义都有联系；皇帝和贵族专制政权被推翻了，代之而起的是地主阶级和大资产阶级的联合专政；帝国主义操纵了中国的财政、经济命脉，并控制了中国的政治和军事力量；由于中国在许多帝国主义的统治、半统治下，实际上处于长期的不统一与经济政治和文化发展上的极端不平衡的状况下；在帝国主义、封建主义双重压迫下，中国广大人民，尤其是农民日益破产，其贫困和不自由的程度，是世界所少见的。正是这些特点，决定了帝国主义和中华民族的矛盾，封建主义和人民大众的矛盾，是近代中国社会的主要矛盾。近代以来的中国革命，正是在这些基本矛盾的基础之上发生的。这些既是历史的分析，也是对现实的认识。正是结合历史与现实，毛泽东对中国社会的基本矛盾有了清醒的认识，并使之成为“在中国革命的时期内和在革命胜利以后一个相当长的时期内的一切问题的出发点”[①]，成为制定中国革命战略、策略的依据。

以史为鉴，总结与吸取历史经验教训，自觉做到“前事不忘，后事之师”，是研究历史的基本原则。毛泽东用历代农民起义失败的教训，来阐述流寇思想的危害性，建立革命根据地的必要性和重要性；以司马迁忍辱负重、在极端艰难困苦的条件下发愤创作《史记》的故事，鼓励在逆境中奋斗的青年；以李固与黄琼的事例提倡谦虚谨慎，力戒孤傲，在“盛名”之下也要反躬自省，更加平易近人，应自觉意识到“胜名之下，其实难副”；以明宣宗率领百官“下田劳作”，改进官场享乐作风批评党内的官僚主义。毛泽东还曾向人推荐《战国策》中《触龙说赵太后》这篇文章，他以触龙劝说赵太后，不要让儿子“位尊而无功，奉厚而无劳，而挟重器多”的故事，要求党内高级干部要严格教育子女。他说：“如果我们不注意严格要求我们的子女，他们也会变质，可能搞资本主义复辟，无产阶级的财产和权利就会被资产阶级夺回去。”在战争年代，毛泽东还经常引用古代的战例说明军事问题，如：以“围魏救赵”说明在抗日游击战中在根据地外围钳制敌人的必要性；以鲁齐长勺之战说明敌疲我打的方针；以楚汉成皋之战、新汉昆阳之战、袁曹官渡之战、吴蜀彝陵之战、秦晋淝水之战等，说明在敌强我弱的条件下后发制人的意义。此外，毛泽东还以五代晋、辽错综复杂的政治、军事格局，联系到一千多年后的中国与世界各大国的关系，提出要注意防止和平

---

① 《毛泽东选集》第 4 卷，人民出版社 1991 年，第 1430 页。

演变等。这些在史实基础上深入浅出的阐述，给人以深刻的历史启迪，在党内外广泛流传，产生了长远的影响。

1902年冬，时任四川盐茶使的赵藩游览武侯祠时撰写了一副对联：“能攻心则反侧自消，从古知兵非好战；不审势即宽严皆误，后来治蜀要深思。”上联讲诸葛亮平定南中，用“攻心”使孟获心悦诚服，称赞诸葛亮是懂得用兵打仗但又不好战的军事家；下联用“审势”来说明诸葛亮治蜀的指导思想，称赞他能审时度势制定宽严得宜的方针政策。诸葛亮提出“攻心”和“审势”两个很有启发性的问题，给人以警示，发人深省。赵藩意在警告后人，不能盲目学诸葛亮而一味用“严”，也不能盲目反对诸葛亮而一味用“宽”，应当审察当时形势，深思熟虑后再决定用“严”还是用“宽”。毛泽东十分推崇此联，1958年他来武侯祠时，反复体味对联的微言大义，并向一些党政领导介绍这副对联。“以史为鉴，可以明得失。”这样一副短短的对联，可抵得上一篇长篇的演说。

毛泽东运用辩证唯物主义和历史唯物主义，对历史上的征战经验进行了认真的总结。例如，他熟谙战国孙子、汉朝张良、三国诸葛亮等人的军事谋略，对楚汉成皋之战、新汉昆阳之战、袁曹官渡之战、吴魏赤壁之战、蜀吴彝陵之战、秦晋淝水之战等，都有深入的研究。毛泽东在中国革命的舞台上用兵如神，导演出许多有声有色、威武雄壮的活剧来，这和他注重吸取历史上兴亡盛衰的经验、借助历史的智慧有直接的关系。

在第五次反“围剿”的时候，蒋介石曾断言：红军过得了金沙江，过不了大渡河，红军一定会如石达开一样“全军覆没”，成为“石达开第二”。但在毛泽东的指挥下，红军四渡赤水、巧渡金沙江、强渡大渡河、飞夺泸定桥，翻越空气稀薄的雪山，过人迹罕至的草地，成功甩掉百万追兵，胜利完成战略大转移，以人民武装胜利、敌人失败而告终。1936 年西安事变后，国共第二次合作，成立了“抗日民族统一战线”。在这期间，红军被整编为第八路军，毛泽东坚持了党对八路军的领导权，一次次粉碎国民党的反共高潮，避免了人民武装被国民党蚕食和绞杀。在“解放战争”期间，毛泽东发出了“宜将剩勇追穷寇，不可沽名学霸王”的号召，没有划江而治，做“楚霸王第二”。1949 年，毛泽东在新中国诞生前及时提出，全党在胜利面前要保持清醒头脑，要经受住执政的考验，务必使同志们继续保持谦虚、谨慎、不骄、不躁的作风，务必使同志们继续地保持艰苦奋斗的作风。同年 3 月，当党中央从河北西柏坡迁往北平（北京）时，毛泽东意味深长地说：“今天是进京赶考的日子。”他牢记 1644 年李自成进京后惨痛的历史教训，不做“李自成第二”。10 月 1 日，中华人民共和国成立，中国社会主义革命和建设事业揭开了崭新一页。

3. 历史研究的科学方法

历史研究的方法和历史观、价值观密切相关。人们拥有不同的历史观或不同的价值观，就会有不同的历史研究方法。毛泽东的历史研究方法，和他的马克思主义的历史观是完全一致的。毛泽东的历史观是科学的历史观，他的历史研究的方法同样也是科学的研究方法。

实事求是是毛泽东思想的核心。“实事”就是客观存在着的一切事物，“求”就是我们去研究，“是”就是客观事物的内部联系，即规律性。在历史研究中，毛泽东特别重视实事求是的原则，认为事实是历史研究的出发点，充分地、准确地占有文献资料，是得出正确的历史认识的前提和基础。1941 年 8 月 1 日，中共中央曾做出《中共中央关于调查研究的决定》（以下简称《决定》）。《决定》指出，20 年来，我党对于中国历史、中国社会与国际情况的研究，虽然是逐渐进步的，逐渐增加其知识的，但仍然是非常不足；粗枝大叶、不求甚解、自以为是、主观主义、形式主义的作风，仍然在党内严重地存在着。基于此，《决定》要求全党干部“认真地研究中国的历史，研究中国的经济、政治、军事和文化，对每一问题要根据详细的材料加以具体的分析，然后引出理论性的结论来”。毛泽东在《整顿党的作风》中重申了这些要求，这和他一贯强调的研究历史和现状应当“不凭主观想象，不凭一时的热情，不凭死的书本，而凭客观存在的事实，详细地占有材料，在马克思列宁主义一般原理的指导下，从这些材料中引出正确的结论”[①]，是完全一致的。

在历史研究中，毛泽东强调要用历史的观点考察问题，在分析任何一种历史现象时，都要把它提到一定的历史范围之内，在历史的连续性中，进行具体分析。他说：“今天的中国是历史的中国的一个发展，我们是马克思主义的历史主义者，我们不应当割断历史。”“中国现时的新政治新经济是从古代的旧政治旧经济发展而来的，中国现行的新文化也是从古代的旧文化发展而来的，因此，我们必须尊重自己的历史，决不能割断历史。但这种尊重，是给历史以一定的科学的地位，是尊重历史的辩证法的发展，而不是颂古非

① 《毛泽东选集》第 3 卷，人民出版社 1991 年，第 814—815 页、第 801 页。

今，也不是赞扬任何封建的毒素。”[①]毛泽东还以中共党史的研究举例说：“研究中国共产党的历史，还应该把党成立以前的辛亥革命和五四运动的材料研究一下。不然，就不能明了历史的发展。……对于共产党的成立和以后的历史，也就不能说得清楚。”[②]毛泽东强调，不应割断历史，就是强调不能割断历史矛盾运动的内在联系。历史，即使是遥远的古代的历史也不会消失得无影无踪，总会以不同的方式直接或间接地传递下去，影响到现实。现实是历史的延续，不可避免地带有历史的烙印。因此，要坚持中国政治、经济、文化和社会的发展，就不能脱离中国的历史，不能“言必称希腊”，而要深深地扎根在中国的土壤之中。毛泽东曾批评过研究中国的问题，却把屁股坐在外国去的不良现象。他说：“我们有些同志有一个毛病，就是一切以外国为中心，作留声机，机械地生吞活剥地把外国的东西搬到中国来，不研究中国的特点。不研究中国的特点，而去搬外国的东西，就不能解决中国的问题。”[③]

1942 年 3 月，毛泽东在谈及中共党史研究时，系统地阐述了颇有特色的“全面的历史研究方法”。他说：“如何研究党史呢？根本的方法，马、恩、列、斯已经讲过了，就是全面的历史的方法。我们研究中国共产党的历史，当然也要遵照这个方法。我今天提出的只是这个方法的一个方面，通俗地讲，我想把它叫作‘古今中外法’，就是弄清楚所研究的问题发生的一定的时间和一定的空间，把

① 《毛泽东选集》第 2 卷，人民出版社 1991 年，第 534、708 页。

② 《毛泽东文集》第 2 卷，人民出版社 1993 年，第 404 页。

③ 《毛泽东文集》第 2 卷，人民出版社 1993 年，第 407 页。

问题当作一定历史条件下的历史过程去研究。所谓‘古今’就是历史的发展，所谓‘中外’就是中国和外国，就是己方和彼方。”[1]并且结合研究的实例做了具体的阐发：“谈到中国的反帝斗争，就要讲到外国资本主义、帝国主义如何凶恶地侵略中国。讲到中国无产阶级，就要讲到世界无产阶级，讲到中国无产阶级政党——共产党的斗争，就要讲到马、恩、列、斯他们怎样领导国际无产阶级同资本主义和帝国主义作斗争，这就叫‘中外法’”。[2]毛泽东在这里虽然说的是研究中共党史的方法，但是却有历史科学的一般方法论的意义，其价值在于立足于研究对象的整体，把“部分”和“整体”联系起来，系统地研究问题，从社会诸多因素的相互作用中形成观点，以探求历史的真相。

阶级分析方法，是马克思主义史学重要的研究方法之一。唯物史观要求在对历史过程、历史现象做任何分析时，都应明确地、公开地站在一定的阶级立场上。在错综复杂、迷离混沌的阶级社会中，只有坚持阶级观点，通过阶级分析的方法，才能透过现象认清本质，揭示历史矛盾运动的规律性内容。毛泽东十分重视历史认识中的阶级分析。例如，他对中国近代社会发展的主要矛盾和本质特征的概括，即是通过对近代中国社会进行阶级分析之后得出的。他说：“帝国主义和中国封建主义相结合，把中国变为半殖民地和殖民地的过程，也就是中国人民反抗帝国主义及其走狗的过程。”“帝国主义和中华民族的矛盾，封建主义和人民大众的矛盾，这些就是近代

① 《毛泽东文集》第2卷，人民出版社1993年，第400页。

② 《毛泽东文集》第2卷，人民出版社1993年，第406页。

中国社会的主要矛盾。当然还有别的矛盾，例如资产阶级和无产阶级的矛盾，反动统治阶级内部的矛盾。而帝国主义和中华民族的矛盾，乃是各种矛盾中的最主要的矛盾。这些矛盾的斗争及其尖锐化，就不能不造成日益发展的革命运动。伟大的近代和现代的中国革命，是在这些基本矛盾的基础之上发生和发展起来的。”[①] 毛泽东对中国近代社会的发展的主要矛盾和本质特征的概括十分重要，这对于正确认识革命的对象、革命的任务、革命的动力、革命的性质和革命的前途都有十分重要的指导意义。

关于历史人物的评价问题，是一个十分复杂的问题。毛泽东坚持唯物史观的基本原理，并不否认个人在历史上的作用，强调应当从历史事实出发，唯物地研究和评价历史人物，对历史人物的思想、活动和著作等，进行具体的分析。判断历史人物的功过，要看他们比他们的前辈提供了什么新的东西；应该指出前人的历史局限性，但不要脱离具体的历史环境，苛求于前人。

谈及中国古代的历史人物，毛泽东认为，商纣王能文能武，把东夷和中原统一巩固起来，不能将他完全定义为暴虐无道的千古罪人，其在历史上是有功的。他认为秦始皇是中国封建社会的第一个有名的皇帝，因为他第一个统一中国、统一文字，修筑宽广的道路，不搞国中之国，不用世袭制度而用集权制，由中央政府派人去各地方，几年一换。对于历来被称为“乱世之奸雄”的曹操，毛泽东同意为其“翻案”，因为曹操结束了汉末豪族混战的局面，恢复了黄河两岸的广大平原，为后来西晋的统一铺平了道

---

① 《毛泽东选集》第 2 卷，人民出版社 1991 年，第 632 页、第 631 页。

路。曹操是政治家、军事家，其历史功绩应该充分被肯定。在中国古代著名的帝王中，毛泽东对唐太宗李世民评论很多。他认为，打仗要像唐太宗那样，先守不攻，让敌人进攻，不准士兵谈论进攻的事，谈论者杀。待敌人屡攻不克，平时气愤已极，才下令反攻，一攻即胜。这样一可练兵，二可练民。[①]就唐太宗李世民，毛泽东还说："所谓以弱当强，就是以少数兵力佯攻敌诸路大军。所谓以强当弱，就是集中绝对优势兵力，以五六倍于敌一路之兵力，四面包围，聚而歼之。自古能军无出李世民之右者，其次则朱元璋耳。"[②]这些评价给人们以历史的知识和启迪，有重要的学术价值和现实意义。

1956年11月12日，《人民日报》在孙中山逝世30年后，发表毛泽东《纪念孙中山先生》的文章。文章尊称孙中山是"伟大的革命先行者"，称赞"他全心全意地为了改造中国而耗费了毕生的精力，真是鞠躬尽瘁，死而后已"。文章同时指出："像很多站在正面指导时代潮流的伟大历史人物大都有他们的缺点一样，孙先生也有他的缺点方面。这是要从历史条件加以说明，使人理解，不可以苛求于前人的。"毛泽东一以贯之高度评价孙中山的历史地位，这表明毛泽东和中国共产党人，一向把自己视作孙中山革命事业的继承者。正如1949年9月，毛泽东在中国人民政治协商会议第一届全体会议的开幕词中所说："一百多年以来，我们的先人以不屈不挠的斗争反对内外压迫者，从来没有停止过，其中包括伟大的中国革命先

① 参见林克：《毛主席和我谈学习的片段回忆》，载《难忘的回忆》，中国青年出版社1985年，第227页。

②《毛泽东读文史古籍批语集》，中央文献出版社1993年，第65—66页。

行者孙中山先生所领导的辛亥革命在内。我们的先人指示我们，叫我们完成他们的遗志。我们现在是这样做了。1949 年 9 月，宣布中华人民共和国成立了。”

十一、从“历史”到“世界史”

关于世界史，马克思有一个精辟的论断：“世界史不是过去一直存在的，作为世界史的历史是结果。”[①]这就是说，在世界史作为结果出现之前，人类历史是彼此封闭、隔绝的“民族的”或“地区的”历史。资本主义生产关系产生后，社会生产力与社会交往的发展与封建时代相比发生了重大的变化。生产力水平和交往形式，直接影响着人类历史进程。生产力革命和交往革命，使各民族的原始封闭状态开始被消灭；不同民族之间的封闭、隔绝消灭得越是彻底，历史也就越是成为世界历史。

1. 生产力革命

马克思主义学说认为，生产力是物质生产过程中人们与自然界的关系，是人类征服和改造自然的客观物质力量。整个人类历史进程表明：生产力是人类社会发展的决定力量，人类社会各个不同的

---

①《马克思恩格斯全集》第46卷（上），人民出版社1974年，第48页。

社会形态由低级向高级的更替和发展，每一个新的社会形态由初步形成到进一步完善和发展，以至最后走向灭亡或消亡的过程，归根到底都是由生产力的发展所决定的。

一般认为，人类历史上生产力的发展有四次革命。第一次革命发生在 16 世纪中叶到 17 世纪中叶，其结果是使作为生产力的人从封建关系中解放出来，从事资本主义的生产，工场手工业发生了较大的技术革命。第二次革命，即人们常说的工业革命。此时蒸汽机等新的工具和机器，使工场手工业成为大机器工业，整个资本主义社会的基础出现了革命性的变化。第三次革命，即电工技术革命，其结果是电动机出现，并逐渐代替了蒸汽机。第四次革命，即科学技术革命和新科学技术革命，以原子能、电子计算机、空间技术和生物工程的发明和应用为主要标志，不仅使社会生产力迅速增长，极大地推动了人类社会经济、政治、文化领域的变革，而且也影响了人类生活方式和思维方式，随着科技的不断进步，人类的衣、食、住、行、用等日常生活的各个方面也发生了重大的变革。

现代科技革命的突出特点，是科学进步与技术开发紧密地结合，而且科学与技术的结合在生产中得以产业化，从而使生产力发生根本变革。在人类社会生产力发展的历史上，“自从资产阶级兴起以来生产力发展的加速是多么令人难以置信！到人能够‘制造’火时，可能已过去了一百万年。到机器代替手使用工具时，可能又过了五万多年。到人可以不用手操纵机器并站在生产工程的旁边时，只经过二百多年”[①]。机器的广泛采用，彻底改变了人在生产过程

① 于尔根·库钦斯基：《生产力的四次革命：理论和对比》，商务印书馆 1984 年，第 141 页。

中的地位。

近代以来科学技术的发展，使科学与生产的关系越来越密切。马克思主义历来认为，科学技术是生产力。机器生产的发展要求自觉地应用自然科学。“生产力中也包括科学。”[①] 在当代世界，科学技术作为生产力，越来越显示出巨大的作用。《新编剑桥世界近代史》（14卷本）是20世纪后半期问世的西方史学代表性著作之一。这部著作高度重视近代科学技术革命，及人类社会生产力发展史的研究，使人们清楚地看到科学技术的进步在社会历史进程中所具有的伟大的“革命意义”[②]。“19世纪结束时，在自然科学方面发生了根本性的、革命性的变革，同时，人们在一定程度上认识到：塑造未来世界的是科学。”“在20世纪前半叶，科学的进展无论就其范围、速度和应用而言，都远远超过了以前所有的时代。在这50年中，前4个世纪的近代科学研究成果得到了充分的利用，因而不仅改变了我们的日常生活和我们的思想习惯，甚至改变了我们文明的整个面貌。”到了20世纪50年代，“各阶层的男女开始认识到，他们的生死存亡取决于科学的进展，或者取决于他们自己的统治者或其他国家的统治者决定如何利用这种进展”。[③]

在马克思看来，人类的历史首先是生产力发展的历史。世界历史形成的根源、前提和动因，首先是社会生产力的发展，以及它所

---

①《马克思恩格斯全集》第46卷下册，人民出版社1980年，第211页。

② C.L. 莫瓦特编：《新编剑桥世界近代史》第12卷，中国社会科学出版社1999年，第4页。

③ C.L. 莫瓦特编：《新编剑桥世界近代史》第12卷，中国社会科学出版社1999年，第115页。

导致的分工和交往的发展。在资本主义社会，资本的膨胀、无限制的扩张，对资本增殖的无止境的追求，和大工业的发展，推动了冒险、远征和殖民地开拓，建立和扩大了世界市场，为此就必须消灭各个国家和民族彼此孤立隔绝的状态。前资本主义那种地方的、民族的、自给自足和闭关自守的状况，被各民族的、各方面的互相往来和各方面的互相依赖所代替，世界越来越成为一个有机联系的整体，地方性的联系逐渐为世界性的联系所取代。那些地域的和人为设置的种种障碍，都被资本的膨胀和扩张所冲破，资本主义为自身的发展不断获得更多更大的空间，各个民族的历史越来越成为"世界性"的历史。

在资本主义时代，国家与国家、民族与民族之间的联系和往来，在规模、内容和发展速度上，都是前资本主义所无法比拟的。"各民族之间的相互关系取决于每一个民族的生产力、分工和内部交往的发展程度。……然而不仅一个民族与其他民族的关系，而且这个民族本身的整个内部结构也取决于自己的生产以及自己内部和外部的交往的发展程度。"从世界的视野看，"随着美洲和通往印度的航线的发现，交往扩大了"。[①] 这种扩大不仅是"量"的扩大，更是"质"的变化，因为它和社会生产力——世界范围的生产力的迅速发展密切联系，对于"世界历史"的形成具有特殊的意义。

资产阶级创造了庞大的生产资料和交换手段，在它不到100年的阶级统治中所创造的生产力，比过去一切世代创造出的全部生产力还要多，还要大。对利润的无限占有是资产阶级的本质需求。它

---

① 《马克思恩格斯选集》第1卷，人民出版社1995年，第68页、第110页。

把人与人之间的一切关系都变成了“赤裸裸的利害关系”，“把人的尊严变成了交换价值”。资本主义大工业使每个文明国家以及这些国家中的每一个人的需要的满足都依赖于整个世界，它消灭了各国以往自然形成的闭关自守的状态，使一切民族因生产工具的迅速改进和交通的极其便利，卷入到文明中来。资本主义的本质决定了资产阶级必定要奔走于世界各地，到处落户、到处开发、到处建立联系。资本主义的发展，使物质生产和精神生产都成为世界性的。

历史转变成为世界历史，是实现共产主义的前提。因为共产主义的目标不是某一阶级、某一国家或某一民族的解放，而是全人类的解放，无产阶级只有解放全人类，才能最后解放自己。这一目标只能在世界历史而非在地域的背景下去实现，共产主义运动是世界历史性的运动，实现共产主义，是在全世界而非在某一国家或某一民族实现共产主义。

社会生产力的发展，客观上改变着人们的交往，这种“改变”的内容之一，就是作为“交往主体”的人的能力的改变。只有这样，交往的实际内容的改变才有可能。交往中的人的能力的改变，不仅仅表现在如何适用不断进步的具体的劳动形式和劳动内容上，同时也表现在作为世界历史性的人的素质的全面提高上，从某种意义上说，这也是历史转变成世界历史的本质要求和重要特征之一。

1989年，美国学者弗·福山在《国家利益》期刊夏季号撰文《历史的终结》，认为西方的自由民主制度也许是“人类意识形态发展的终点”，是“人类最后一种统治形式”，后福山又将论文扩展成专著《历史的终结及最后之人》出版。福山在这部著作中写道：“黑格尔和马克思都曾相信，人类社会的发展是有终点的，会在人类实现一种能够满足它最深切、最根本的愿望的社会形态后不再继续发展。

这两位思想家因此断言，会有‘历史的终结’阶段。黑格尔将‘终结’定位于一种自由的国家形态，而马克思则把它确定为共产主义社会。所谓马克思认为一旦共产主义实现，历史便终结了，这是对马克思主义的歪曲。马克思说：‘大体说来，亚细亚的、古代的、封建的和现代资产阶级的生产方式可以看作是经济的社会形态演进的几个时代。资产阶级的生产关系是社会生产过程的最后一个对抗形式，……但是在资产阶级社会的胎胞里发展的生产力，同时又创造着解决这种对抗的物质条件。因此，人类社会的史前时期就以这种形态而告终。’”[①] 由此并不能得出共产主义是历史的终结的结论。恰恰相反，在马克思看来，共产主义是消灭了剥削制度，保证每个人都全面发展，而且社会的物质生产极大丰富的人类社会新的开始。

2. 交往革命

19 世纪初的英国，发生了一场交通和通信革命，这场革命逐步扩展到各工业发达国家和一些殖民地，在传播现代文明成果的同时，也使大众传播媒介和其他信息产业得到了飞速的发展，世界进入密集型的社会交往时代。这场革命，被马克思和恩格斯称之为“交往革命”。

交往革命主要有两大阶段，第一阶段是工业革命带来了交通的变革，尤其是铁路的出现，使物质流动的速度大为增加，即现代话语里说的，物流加大。恩格斯说，中国的铁路建设可能开放，这样

① 《马克思恩格斯选集》第 2 卷，人民出版社 1995 年，第 33 页。

最后一个闭关锁国、以农业和手工业相结合的文明将被消灭。第二阶段是海底电缆的开通，产生了电报。这是信息社会的前兆。“机车、铁路、电报、走锭精纺机，它们是人类的手创造出来的人类头脑的器官。”[①]由于世界市场的形成和交往的全面泛化，人类思想、知识的交流空前频繁，基于此，知识被迅速地物化，人的智力、创造力迅速地发展。这是交往革命的实质。

马克思和恩格斯所指的交往革命，是一个广义的概念，包括电报、蒸汽动力轮船、内陆运河、火车、公路、现代报刊、一便士[②]邮政厅和巨大的工业城市本身。他们重视交往革命，在于现代交往媒介所具有的强大的“用时间消灭空间”、在全球范围内越来越即时地还原面对面人际交往的功能。“它表明，社会生产力已经在多么大的程度上，不仅以知识的形式，而且作为社会实践的直接器官，作为实际生活过程的直接器官被生产出来。”[③]

交往理论和交往革命，是马克思的社会发展理论的重要内容之一。1846年12月28日，马克思在给俄国自由派著作家巴·瓦·安年科夫的信中，明确阐释了“交往”的具体含义。他说：“为了不致丧失已经取得的成果，为了不致失掉文明的果实，人们在他们的交往（commerce）方式不再适合于既得的生产力时，就不得不改变他们继承下来的一切社会形式。……例如：各种特权、行会和公会的制度、中世纪的全部规则，曾是惟一适合于既得的生产力和产生这些

①③《马克思恩格斯选集》第4卷，人民出版社1995年，第532—533页。

②便士：英国货币的辅币单位，类似中国的“分”，1英镑=100便士。

制度的先前存在的社会状况的社会关系。”[①] 马克思笔下的“交往”，并非仅仅是个人之间的、民族之间的或国家之间的交往，而是指具有世界意义的“世界历史性”的交往。

尽管“交往”往往是“个人之间”“民族之间”“国家之间”进行的，但是，社会生产力发展水平所决定的时代的特征，已经赋予了这些交往世界历史性的意义。正是因为如此，这种交往才是普遍的、广泛的交往，才能真正克服“狭隘地域”的局限，同时使生活在狭隘地域中的人扩大认识的视野，在彻底改变他们狭隘的生活方式的基础上，扩大世界历史性的视野。只有地域性的个人为世界历史性的个人所代替，他们才能成为全面发展的人。也只有在这种情况下，现实生活中的人的自由和发展才真正有可能。因为在封闭的历史环境中，任何人都不可能真正了解和汲取人类其他先进的文明成果。

社会生产力的发展水平，直接制约着交往的水平。在人类历史进程中，不难看到这样一种规律性的现象：孤立、封闭、隔绝，总是和落后的社会生产力水平联系在一起，反之，交流、交往、开放，往往是和先进的社会生产力水平联系在一起的。在“交往—生产”的过程中，社会生产力和物资资料的生产方式的矛盾运动，决定着社会历史进程。

社会生产首先是物质资料的生产。“思想、观念、意识的生产最初是直接与人们的物质活动，与人们的物质交往，与现实生活的语言交织在一起的。人们的想象、思维、精神交往在这里还是人们物

① 《马克思恩格斯选集》第 4 卷，人民出版社 1995 年，第 532—533 页。

质行动的直接产物。”[①] 显然，在诸多的交往中，“物质交往”具有决定性的意义，它的主要形式是工业生产、商品交换和武力战争。物质交往是精神交往的基础和前提，没有物质交往就没有所谓的精神交往。物质交往是人类社会生活中最基本的交往，不仅精神交往受物质交往的制约，而且人类社会一切社会关系，都是由物质交往关系所决定的。明确这一点对于正确理解马克思的交往理论十分重要，马克思的交往理论即是从这样的基本认识出发，也即是从始终坚持彻底的唯物主义的立场出发的。总之，马克思的交往理论，坚实地建立在唯物主义的立场上。

“交往”与“生产关系”，是既有联系又有区别的两个不同的范畴，无论是将两者混淆，还是将两者对立都是不准确的。“人们在自己生活的社会生产中发生一定的、必然的、不以他们的意志为转移的关系，即同他们的物质生产力的一定发展阶段相适合的生产关系。”[②] 显然，经济交往只是生产关系的前提，而非等于生产关系。生产关系是一种经济关系，而交往则有着更为丰富的内容，除去经济内容之外，还包括精神方面的内容，诸如文化交往、政治交往等等。当然，这些交往和物质交往不能等同并论，而是前者受到后者的制约。

马克思所强调的是“从社会生活的各种领域中划分出经济领域来，从一切社会关系中划分出生产关系来，并把它当作决定其余一

① 《马克思恩格斯选集》第1卷，人民出版社1995年，第72页。

② 《马克思恩格斯选集》第2卷，人民出版社1995年，第32页。

切关系的基本的原始的关系”[①]。把人们之间的所有关系或所有交往都看成是意识的产物，显然不是马克思的原意。因此我们应该明确的是，生产关系实际的内容，不是保存在抽象的概念中，而只有和交往联系在一起，在交往的现实的实践过程中才能实现，才能成为现实，才有具体实在内容的生产关系。

马克思交往理论的产生，主要体现在《1844年经济学哲学手稿》《关于费尔巴哈的提纲》《德意志意识形态》《1857—1858年经济学手稿》，以及《资本论》等著作中；而这一理论的发展，则主要表现在马克思关于东方社会的理论中，以及《给查苏利奇的信》《历史学笔记》等文献中。根据上述著作中的有关论述，可以看到马克思交往理论的要点是：人类的交往，主要包括物质交往和精神交往两种形式。从人类历史发展的进程中，可以将人类历史分成“部落所有制”“古代公社所有制和国家所有制”“封建的或等级的所有制”“资本主义所有制”“共产主义”。在各种所有制的更迭过程中，交往的作用愈显凸出。例如，当部落所有制向古代公社所有制和国家所有制过渡时，“潜存在于家庭中的奴隶制，是随着人口和需求的增长，随着战争和交易这种外部交往的扩大而逐渐发展起来的”[②]。随着由社会生产力所决定的人类历史的演进，人类交往的不断扩大，人类的历史也同时越来越具有普遍的世界历史的性质，即各个民族从彼此隔绝，到相互交往，逐渐形成整体的、彼此相互依赖的世界历史。

马克思的世界历史理论，和他毕生所从事的争取人类解放的伟

①《列宁选集》第1卷，人民出版社1995年，第6页。

②《马克思恩格斯选集》第1卷，人民出版社1995年，第69页。

大事业密切地联系在一起。从本质上说，共产主义是世界历史性的事业，因为共产主义只有作为世界历史性的存在，才有可能实现。共产主义既是世界历史发展的必然趋势，也是世界历史发展的一个新阶段。无产阶级如果不解放全人类，就不可能解放自己。共产主义不可能“作为某种地域性的东西而存在”①。实现共产主义的重要前提之一，就是地域性的历史转变成为世界性的历史。同样，真正的共产主义的存在，也只能是世界历史性的存在。在任何一个孤立的、单独的民族或国家内，不可能真正实现共产主义。

人类社会的世界历史性发展，不仅为实现共产主义准备了必要的历史前提、必要的物质前提，而且造就了资本主义的掘墓人，即世界性的无产阶级。在资本主义社会内，无产阶级作为资产阶级的对立物而存在，他们没有个人的私有财产需要保护，没有个人的特殊利益需要维护。相反，对于无产者说来，只有彻底摧毁保护、维护私有制的一切，他们才有可能得到解放。无产阶级的历史使命是解放全人类。由世界历史发展的客观规律所决定，世界历史的前景，必然是实现共产主义。

3. “历史”何以成为“世界史”

在“民族”或“地区”的历史转变成为“世界史”的过程中，生产力革命和交往革命具有决定的意义。生产力革命和交往革命是同一历史过程所表现出的两个方面的内容。生产力的发展以及生产

① 《马克思恩格斯选集》第1卷，人民出版社1995年，第86页。

力革命的发生，是不可逆转的人类历史进步趋势的具体体现，而交往革命则是生产力革命合乎历史逻辑的必然结果，不能忽略两者之间的内在联系，或只强调其中一个方面的内容。

交往是一个历史范畴。在人类历史发展的不同阶段，交往的形式是随之变化的。社会生产力的发展，必然要求与其相适应的交往形式的产生，生产力的发展水平是交往形式和内容的前提和基础。这表明，“交往”并非仅仅存在于资本主义历史阶段，而是贯穿于世界历史进程的各个阶段，存在于各社会经济形态中。交往、交往的普遍化，是和“历史”转变为“世界历史”同时发展的。

人类历史的生产力发展和交往形式的演变，经历了一个由简单到复杂的发展变化过程。人类历史上的生产力革命和交往革命，直接决定着或影响着世界历史进程，这在以下重要的历史时期明显地表现出来。

在中世纪城市兴起之前，在西欧的一些国家里已经出现了手工业专业化的趋向。10—11 世纪以来，随着社会生产力的发展，农业生产有了更多的剩余农产品，这推动了商业活动的进一步开展，与此同时，手工业迅速发展，并出现了作为商业活动中心的城市。“从中世纪的农奴中产生了初期城市的城关市民。”①“为要解释城市的领先地位，必须把它们置于 11—13 世纪期间逐渐在欧洲形成的第一个经济世界的范围之内。正是在那时候，出现了相当广阔的流通区域，而城市则是流通的工具、转运站和受益者。”②生产力的发展和交往的

① 《马克思恩格斯选集》第 1 卷，人民出版社 1995 年，第 273 页。

② 布罗代尔：《15 至 18 世纪的物质文明、经济和资本主义》第 3 卷，三联书店 1993 年，第 86 页。

发展催生新的城市不断涌现出来，在13—14世纪的西欧，新增加的城市大约有700个。

中世纪城市手工业的生产单位，一般称之为作坊。作坊的主人多是小手工业者，他们为了维护自己的切身利益，相继建立起行会组织。所以中世纪以来的手工业，人们往往习惯称之为行会手工业。行会手工业的发展直接导致社会分工的扩大，最初手工业者兼营商业，但随着商品经济的发展和贸易的发展，出现了商人这一特殊的阶级或阶层。他们为了维护自己的利益，也结成称之为“商人公会”的联盟。无论是“行会”，还是“商人公会”，都有利于交往的扩大。商人不断扩大的通商活动、商品的广泛流通，在地域性的局限逐步消失的同时，交往开始发生质的变化。例如，各个城市的“商人公会”在14世纪时，在北德意志的一些城市结成了“汉萨同盟”[①]，在其最兴盛时，有100多个城市参加，基本上控制了对波罗的海和北海的贸易，经销的商品包括毛皮、木材、金属和鱼等等。

1500年左右被称作“大航海时代”，也被认为是世界近代史的开端。因为从1500年左右新航路被开辟之后，西欧人开始走向海外进行殖民征服，欧洲贸易也从这时开始走出地中海狭小的范围，开始扩大到全世界，为新兴的资产阶级开辟了新的活动场所。在大航海时代，欧洲的封建生产方式迅速地向资本主义生产方式过渡，对欧洲以外的世界其他地区的经济社会发展产生了极大的影响。新航路的开辟、资本的膨胀和扩张、对瓜分殖民地的争夺，如葡萄牙东方殖民地国的建立、西班牙对中南美洲的殖民征服等，使得交往的范

① “汉萨”，原意是“经商权”，后成为商人联合的公会的组织名称。

围及内容迅速扩大。

17世纪中叶到18世纪末，工场手工业逐渐取代了行会手工业，工场手工业的迅速发展和商业活动的扩大，加快了资本的积累。新航路的开辟，直接导致了“商业革命”和“价格革命”，以及欧洲和世界贸易中心的转移，交往出现了新的变化。这一时期交往革命的标志是“世界市场”开始形成。欧洲、亚洲、非洲、美洲之间的贸易迅速发展，使世界市场不断扩大。当时“大西洋的三角贸易十分普遍，例如从利物浦到几内亚海岸，经由牙买加回到利物浦；又从波尔多到塞内加尔海岸，再到马提尼克，然后回到波尔多”[①]。“17世纪从泰晤士河出海的某条英国船，满载铝、铜和咸鱼前往里窝那出售，换得现金后在勒旺地区的赞特、塞浦路斯或叙利亚的特里波利购买葡萄干、棉线、香料（如果还有），或者生丝乃至莫奈姆瓦夏的葡萄酒，这也是一种三站贸易。”[②]在17世纪，“荷兰人从事的‘货栈贸易’一般设有很多分支机构，他们的印度洋贸易显然也按同一模式进行”[③]。世界市场的扩大和交往的扩大联系在一起。这一切“是促进封建生产方式向资本主义生产方式过渡的一个主要因素，……对打破生产的封建束缚起了重大的作用”。[④]

18世纪后半期，在英国发生了工业革命，并很快扩展到欧美其他国家，如法国、美国、德国和俄国等，对这些国家的经济和社会发展，产生了广泛的影响。英国工业革命使社会生产力急剧增长，18世纪60—90年代，詹姆斯·瓦特发明工业用蒸汽机在科学史上具有划时

①②③布罗代尔：《15至18世纪的物质文明、经济和资本主义》第2卷，三联书店1993年，第132页。

④马克思：《资本论》第3卷（上册），人民出版社1975年，第372页。

代的意义，使交通运输和通信工具发生了深刻变化，有力地促使人们之间的交往更广泛、更深入地发展。1802年，威廉·赛明顿制造的实用汽船试航成功。1804年，特里维希克发明了火车头，10年后，斯蒂芬逊制造出了更完善的机车。1825年，斯蒂芬逊负责修建的世界上第一条铁路（斯托克顿到达林顿）通车。1830年，他又主持修建了从曼彻斯特到利物浦的铁路。在此之后，英国出现了修筑铁路的高潮。1850年时，英国已经建成的铁路达9600多公里。蒸汽机车和铁路的出现，是和形成中的世界市场、和资本主义大工业的产生和发展联系在一起的，因而赋予了“交往”以新的内容，即推动了历史向世界历史的转变。正如恩格斯所说那样，“分工、水力、特别是蒸气力的利用，机器的应用，这就是从18世纪中叶起工业用来摇撼旧世界基础的三个伟大杠杆”①，其世界历史意义，实际上远远超过了一般意义上的政治革命或社会革命。

资本主义“首次开创了世界历史，因为它使每个文明国家以及这些国家中的每一个人的需要的满足都依赖于整个世界，因为它消灭了各国以往自然形成的闭关自守的状态”②。资本主义世界市场形成的过程，同时也是社会生产力迅速发展和社会交往不断扩大到全世界的过程。马克思、恩格斯在1845—1846年的《德意志意识形态》中，曾谈及“部落所有制”“古代公社所有制和国家所有制”“封建所有制”“资产阶级所有制”（紧接其后的是共产主义所有制）。在《〈政治经济学批判〉序言》中，马克思就人类历史的分期写道：“大体说

① 《马克思恩格斯全集》第2卷，人民出版社1957年，第300页。

② 《马克思恩格斯选集》第1卷，人民出版社1995年，第114页。

来，亚细亚的、古代的、封建的和现代资产阶级的生产方式可以看作是经济的社会形态演进的几个时代。资产阶级的生产关系是社会生产过程的最后一个对抗形式，……但是，在资产阶级社会的胎胞里发展的生产力，同时又创造着解决这种对抗的物质条件。”[①]社会经济形态的更迭，标志着世界历史各个时代的性质的变化，揭示了人类历史发展的规律性的内容。马克思关于人类历史纵向发展的诸形态的分析，建立在人类历史进程中社会生产力的发展与交往方式的演变的基础上，人们可以从中清楚地看到：生产力和交往的发展，使历史越来越成为世界的历史，作为世界史的历史是结果。

① 《马克思恩格斯选集》第2卷，人民出版社1995年，第33页。

十二、西方新史学和二战后史学新趋势

20世纪初，西方史学在“新史学”的旗帜下，开始了新的发展历程。美国历史学家J.H·鲁滨逊在其代表作《新史学》中，强调历史学的理想和目的，应该伴随着社会和社会科学的进步而变化。以他执教的哥伦比亚大学为中心，逐渐形成“新史学派”，新史学风靡欧美诸国。20世纪30年代，资本主义世界性的经济危机爆发之后，西方马克思主义史学的影响迅速扩大。20世纪西方史学处处标新，但其社会功能却从不曾弱化。二战后，随着跨学科的史学方法和一系列新历史学分支学科的出现，传统史学自身的学科界限变得愈来愈模糊，西方史学进入到一个新的发展阶段。

1. 20世纪欧洲和美国史学思潮

在西方史学发展史上，19世纪被称为“历史学的世纪”。这是因为西方史学在19世纪已经形成了完备的科学形态，理论与方法渐趋成熟，历史研究进入了一个新的发展阶段。1913年，英国历史学家古奇著《十九世纪历史学与历史学家》对此进行了较全面的评述。在他看来，“人们时常谈到‘历史的结论’、‘历史哲学’、‘历史科学’。但没有一致同意的结论，只有个别的结论；……对于我们研究人类历史中所提出的各个问题，现在或将来会有最后的答案吗？如果有的话，它们还没有被找到”[①]。进入20世纪后，西方史学在“新史学”的旗帜下，在批判地继承19世纪史学成果的基础上，开始了新的发展历程。特别是第二次世界大战后，西方史学学派林立，新的理论与方法层出不穷，目不暇接。

19世纪的西方史学，当数德国“兰克学派”客观主义史学的影响最大。然而，正是在兰克的故乡，首先揭开了批判包括兰克史学在内的“新史学”的序幕，使西方传统史学受到强烈震动。20世纪初，K.G· 兰普雷希特发表《文化史的方法论》，大力倡导扩大历史研究领域的“文化史观”，认为摆脱传统的历史主要是摆脱其“政治史”模式。他致力于推进的“新文化史学派”，强调历史事实不仅要说明“是什么”，而且要探究“为什么”。

1912年，曾在德国受过严格历史学训练的美国历史学家J.H· 鲁滨逊首先举起了“史学革命”的旗帜，其代表作《新史学》也因此被公认为20世纪世界史学名著。他说，这部著作“所以命名为《新史学》，也就是要特别强调：我们不应该把历史学看作是一门停滞不前的学问，它只有通过改进研究方法，搜集、批评和融化新的资料才能获得发展。恰恰相反，我们认为历史学的理想和目的应该伴随着社会和社会科学的进步而变化”。在这部著作中，他同样要求冲破

① 乔治·皮博迪·古奇：《十九世纪历史学与历史学家》上册，商务印书馆1989年，第4页。

以政治史研究为中心的传统，扩大历史认识的视野，他认为“一切关于人类在世界上出现以来所做的、或所想的事业与痕迹，都包括在历史范围之内。大到可以描述各民族的兴亡，小到描写一个最平凡的人物的习惯与感情”[①]；他从进步的历史观出发，强调人类历史运动是一个连续不断的过程；他主张发展历史教育，普及历史知识，认为历史研究不应脱离现实生活，要充分实现历史学的社会功能；他还大力呼吁历史学与其他相关学科建立密切的联盟，不断提高史学家的知识素养，开展多学科的历史综合研究方法。他执教的哥伦比亚大学成为美国新史学的中心，逐渐形成了显赫的“新史学派”，新史学一时风靡欧美诸国。从某种意义上说，20世纪的西方史学的主流，就是在“新史学”的旗帜下持续发展的。

在20世纪初欧美新史学思潮的影响下，1929年1月中旬，跨学科的史学杂志《经济与社会史年鉴》在法国斯特拉斯堡大学问世，“年鉴学派”也因此而得名。创办者吕西安·费弗尔和马克·布洛克在该刊创刊号的《致读者》中，明确地阐明了他们的宗旨：打破各学科之间的“壁垒”，倡导跨学科的研究。“现在，在历史学家之间，在从事其他研究的专家之间，存在一种不相往来的闭塞状况。当然，各行的研究家，都致力于自己的专业，在自己的庭院中辛勤劳动，如果他们能再关心一下邻居的工作，就十全十美了，可是却被高墙阻隔了。我们之所以站出来大声疾呼，就是针对这种可怕的分裂的。”[②] 该学派还明确提出了“问题史学”的原则，要求在研究过程中

① 鲁滨逊：《新史学》，商务印书馆1989年，第20页、第3页。

② 转引自井上幸治：《年鉴学派成立的基础》，《国外社会科学》，1980年第6期。

建立问题、假设、解释等程序，从而为引入其他相关学科的理论和方法奠定了基础，极大地扩大了历史研究的领域。

历史人类学、人口史、社会史、生态文化地理史、心态史以及计量史学、比较史学等，在年鉴学派的研究中得到广泛的应用。年鉴学派史学家在自己的学术专著中出色地体现了该学派的原则，如布洛克的《法国农村史的基本特性》(1931)、《为历史学辩护》(1949)，费弗尔的《拉伯雷的宗教》（1942)、《为历史学而战斗》（1953)，布罗代尔的《菲利普二世时代的地中海和地中海世界》（1949)、《15—18世纪的物质文明、经济和资本主义》（1979)，G· 勒费弗尔的《法国革命》（1930)、《恐怖时代的土地问题》（1932)，E·拉杜里的《公元1000年以来的气候史》（1967)、《1294—1324年的奥克族村庄蒙泰尤》（1975)，J· 勒高夫的《中世纪的商人和银行家》（1955)、《交易所与生活》（1986）等。该学派不仅成为当代法国史学的主流，而且深入渗透到西方史学研究的各领域，对20世纪西方史学的发展产生了历久不衰的影响。

发端于18世纪的近代西方历史哲学，经过19世纪的发展，在20世纪中期完成了从“思辨的历史哲学”向“批判与分析的历史哲学”的转变。在思辨的历史哲学中，影响最大的是文化形态学派。1918年，德国历史哲学家O·斯宾格勒的著作《西方的没落》第1卷问世，最早论述了文化形态理论。他将文化视作具有诞生、成长、鼎盛、衰亡阶段的有机体，并通过对不同文化的比较，阐释人类社会发展的历史进程。英国历史学家A.J· 汤因比继承并发展了O· 斯宾格勒的文化形态史观。他认为“文明”，而不是“民族国家”是历史研究的单位。在12卷本《历史研究》中，他详尽地讨论了文明由生到亡的发展历程，强调文明起源于“挑战和应战”。批判与分析的历史哲学包括新康德主义、新黑格尔主义的历史哲学以及分析哲学的历史哲学。意大利学者克罗齐在《历史学的理论和实际》中提出“一切真历史都是当代史”；英国学者柯林伍德在《历史的观念》中提出“一切历史都是思想史”，“历史是过去思想的重演”。上述命题对现代西方史学的发展产生了广泛而深远的影响。

“后现代”在西方学术界是一个歧义纷呈、众说纷纭的概念，一般认为它表征社会形态、时代特征、思维方式，或文化态度、精神价值，等等。“后现代主义”不仅是流行的西方哲学思潮，而且在文学、艺术、美学、史学界也有明显反映。“后现代史观”的重要内容，是否定“宏大叙事”，力主具有虚无主义性质的“解构主义”。其具体表现是否认客观存在，用“解构”和“颠覆”的方法，把猜测性的理论冒充为有根据的科学。用后现代主义的概念或理论进行历史研究，使得研究没有实在的历史内容，而且对一些陈旧、往往是不言自明的观点，用十分抽象、艰深与晦涩的概念进行表述，让人永远无法理解那些观点的实质。

在所谓的后现代史学家看来，历史只不过是“那些稍纵即逝”的没有内在联系的“事件”的堆积，通过“解构”宏大叙事,“碎化”历史，他们将日常生活、底层人物、突发事件、妇女、性行为、精神疾病等纳入历史研究的视野。由后现代主义“摧毁”“解构”和“否定性”等基本理论特征出发，他们从根本上否定历史学的学术功能和社会功能。后现代主义对史学的挑战，主要表现为否定了历史学的科学性、否定历史学的客观实在性；否定历史学作为独立学科存在的合理性；否定历史矛盾运动的客观规律性；否定社会历史的主体——人的存在。

后现代思潮从产生之日起，欧美学术界对其批评就没有间断过。由于后现代主义者多采取一种恃才傲物、自命不凡的态度，所以许多批评并没有对它产生实质性的影响。尽管后现代思潮在20世纪90年代以后日渐衰落，但它至今仍然是“学术思想前沿”的标志之一。

2. 西方国家的马克思主义史学

马克思主义历史理论产生于19世纪40年代，它不仅是科学共产主义的重要组成部分，而且是马克思主义史学的理论基础。1917年俄国十月社会主义革命胜利后，苏联社会主义建设迅速发展，成为世界举足轻重的工业大国；苏联马克思主义史学重新认识世界和俄罗斯的历史，成果显著，这一切都引起西方历史学家的广泛关注。20世纪30年代，资本主义世界性的经济危机和社会危机爆发之后，马克思主义史学在西方国家的影响迅速扩大，正如英国史学家G·巴勒克拉夫所指出的那样：“到1955年，即使在马克思主义的反对者中，也很少有历史学家会怀疑聪明睿智的马克思主义历史研究方法的积极作用及其挑战。”①

在欧美各国中，英国马克思主义史学所取得的成就最大。1920年英国共产党成立后，一批信仰马克思主义的历史学家编辑《近代季刊》等历史研究刊物，积极宣传马克思主义学说，自觉以唯物史观为理论指导研究历史。1938年，A.C·莫尔顿的《人民的英国史》问世，这是英国第一部马克思主义史学著作。莫尔顿在书中阐释了

① 杰弗里·巴勒克拉夫：《当代史学主要趋势》，上海译文出版社1987年，第42页。

自古代至第一次世界大战期间的英国历史，强调17世纪英国革命不是“清教徒革命”，其实质是资产阶级革命。在英国资产阶级革命中，具有决定性意义的是新兴的资产阶级和没落的封建贵族之间的斗争，而非“宗教问题”。作者还在实证研究的基础上，揭露了英国垄断资本集团对中国、印度、缅甸、马来亚、埃及等国家的侵略。M·多布早年就读于剑桥大学经济系，1922年加入英国共产党。他从社会存在决定社会意识的理念出发，强调历史学家首先应有经济学的观念。其代表作《资本主义发展研究》，就是历史学与经济学相结合的成功范例，在国际史学界享有盛誉。M·多布认为资本主义形成的标志，是资本开始大规模地向资本领域渗透，并使生产方式开始发生变化。英国资产阶级革命和工业革命，是资本主义发展史上两件具有决定意义的事件。

第二次世界大战后，英国马克思主义史学得到迅速发展。1946年，莫尔顿等人成立了“马克思主义史学家小组”，出版刊物《我们的历史》。该小组的宗旨是在工人群众中普及历史知识，进行阶级教育。小组通过定期或不定期举办各种形式的学术研讨会或学术年会，促进了英国工人运动史、英帝国殖民侵略史的研究。

二战后，E.J·霍布斯鲍姆和E.P·汤普森等创立了“新社会史学派”，强调研究总体的“社会的历史”，即社会是一个有机的整体，整个社会都是历史研究的内容。新社会史还提出了“从底层向上看的历史”等主张，重视研究生活在社会下层的普通民众的历史，包括他们的物质生活、思想意识，以及历史地位、历史作用，等等。新社会史学家以广阔的社会史的视角从事历史研究，较多地采用了社会学、心理学和人类学的理论与方法，重视意识形态、社会心理、民族文化传统等在历史进程中的作用，这一切对西方史学发展产生了重要的影响。他们的一些作品在国际史坛享有盛誉，如J.E·希尔的《英国革命：1640年》（1955）、E.P·汤普森的《英国工人阶级的形成》（1963）是研究工业革命时期英国工人阶级状况的奠基性著作之一。

1920年法国共产党成立，对法国马克思主义史学的产生和发展具有重要的影响。法国共产党总书记多列士十分重视通过历史进行革命传统教育，他本人对法国大革命、1848年欧洲革命及巴黎公社就有较深入的研究。20世纪30年代，法国共产党主办《在马克思主义照耀下》丛刊，建立工人运动和革命运动史博物馆，普及历史知识，广泛宣传法国人民争取自由民主的光荣传统，反对日益严重的法西斯主义的威胁。

二战后，法国马克思主义史学已占有举足轻重的地位，法国著名史家雅克·勒高夫在评述当代法国史学时，认为有两只巨流贯穿在当今的历史编纂学中，一支是马克思主义，另一支是法国年鉴学派开创的新史学。法国马克思主义史学研究的主要领域是欧洲1848年革命、巴黎公社、抵抗运动中的法国共产党和法国大革命史等。

费弗尔是年鉴学派的创始人之一。他在法国大革命史研究中，强调1789年的法国仍然是一个农业国，因而十分重视农民在革命中的作用。在对待封建专制制度这个问题上，他认为农民和资产阶级的要求并不相同，两者充满了矛盾和斗争，农民运动是摧毁法国封建制度的重要动力。在研究法国大革命的起源时，费弗尔深入阐述了阶级斗争是历史发展的主要动力的观点，以及法国大革命爆发的根本原因首先是资产阶级的兴起的观点。他认为法国大革命爆发的深刻原因，不应在思想中，而应在“经济变化所引起的社会进化中去寻找”。正是在费弗尔的倡导下，法国大革命经济社会史研究取得了迅速的发展。

索布尔于1939年加入法国共产党，二战爆发后曾应征入伍，从事反德国法西斯的地下活动。1958年，他以《共和二年巴黎无套裤汉》论文获国家博士学位，1967年在巴黎大学任法国革命史讲座教授，并主持法国革命史研究所。主要代表作有《1789年——自由之年》(1939)、《法国革命史》(1964)、《法国革命的农民问题1789—1848》(1976)。1982年索布尔病逝，伏维尔接替他出任巴黎大学法国革命史讲座教授，兼法国革命史研究所所长。他主要从事社会心态史的研究，主要研究成果是《旧制度王朝的崩溃》(1972)、《意识形态与心态》(1982)、《大革命心态》(1985）等。他认为，马克思主义史学家不应将自己的研究仅限于社会史和经济史，而应不断开辟新的研究领域。他说，法国史学的一些前沿领域，不管是社会史、经济史、还是文化—心态史，马克思主义史学家都参与了开发，并给予了很大的影响，他们的一些作品都最终表明马克思主义史学的研究方式和程序并没贫困化。伏维尔认为，法国大革命不仅是法国社会经济的产物，而且是人们精神状态长期演变的结果。革命的结果不仅表现在法国政治经济制度的深刻变革，而且也表现在社会心理状态的巨大变化。伏维尔在精神史研究方面做出了开创性的工作，他被西方一些学者认为是当代最敏锐、最富有想象力的马克思主义史学家。

在俄国十月社会主义革命的影响下，美国马克思主义史学得到迅速发展。1919年，美国共产党创始人之一的约翰·里德根据自己的亲身经历，撰写了《震撼世界的十天》，详尽记述了俄国十月社会主义革命的伟大胜利，促进了马克思主义在美国的传播。20世纪20年代末，在美国史学中逐渐形成了马克思主义学派，该学派的主要研究特点是努力做到历史与现实相结合，将工人运动史、独立战争史和内战史作为研究重点。

1937 年，D· 哈迪在《第一次美国革命》中，论证了北美殖民地爆发反对宗主国英国的革命斗争是不可避免的，因为英国的政策是把北美殖民地变成英国的农业附庸，两者之间存在着不可调和的矛盾。1944 年，H· 莫里斯在《为自由而战》中，进一步发展和深化了 D· 哈迪的观点，在分析资产阶级革命的国内因素时，充分肯定了资产阶级激进派的各项主张。

在工人运动史研究中，W · 福斯特的《钢铁工人罢工及其教训》（1928）、A · 宾巴的《美国工人阶级史》（1927）等都是产生广泛影响的力作。W · 福斯特 1921 年加入美国共产党，1929 年后长期担任美国共产党主席，积极参加工人运动。二战后，他先后出版了《美洲政治史纲》（1951）、《美国共产党史》（1952）、《美国历史上的黑人》（1954）、《三个国际的历史》（1955）等著作。W · 福斯特批驳了在美国资产阶级史学中居统治地位的“美国例外论”。他认为，在帝国主义时代，美国社会矛盾异常尖锐，社会冲突和阶级斗争接连不断，美国资本主义的发展和工人阶级的状况，以及阶级力量的对比，决定着美国的社会历史进程，而没有任何“例外”可言。一些资产阶级史家认为，美国的历史是“优秀”的白人移民的历史，而在他的笔下，美国的历史是包括黑人在内的劳动人民的历史，美国黑人和印第安人为美国的发展做出了不可替代的贡献。

菲利普 · 方纳长年从事美国劳工史和黑人史研究，即使在 20 世纪 50 年代麦卡锡主义盛行时期，也没有放弃自己的工作，是在国际史坛享有盛誉的美国马克思主义史学家之一。6 卷本《美国工人运动史》是其主要代表作之一。方纳肯定了美国工人运动的阶级性质和政治目标，否定了把美国工人运动仅仅理解成“谋取个人福利”的错误认识。在《美国黑人史》（1983）、《美国社会主义与美国黑人：从杰克逊时代到第二次世界大战》等著作中，方纳揭露了美国资产阶级对黑人的奴役和压榨，以及广大黑人为争取自由、解放所进行的英勇斗争。

阿普特克是美国著名黑人史专家，纽约大学历史系教授，纽约马克思主义研究会会长。他认为黑人史是美国史的重要组成部分，不知道黑人史，就不可能了解美国史。在《内战中的黑人》（1938）、《美国黑奴起义》（1939）、《为了自由：美国黑人史研究》（1948）、《美国黑人史：现代时期》（1971）等著作中，他引用了政府档案，以及大量黑人的回忆录、书信、日记，还有相关报刊等弥足珍贵的历史文献，揭露了种植园制度的残酷，揭示了美国黑人争取自由、发动250余次奴隶起义的战斗历程，以及黑人在美国资产阶级革命和内战中所做出的重大历史贡献。1963年，美国黑人运动领袖、社会活动家、历史学家杜波依斯逝世后，阿普特克不仅潜心钻研，完成了《杜波依斯传》的写作，而且还整理了杜波依斯的大量遗作，编选有3卷本《杜波依斯书信集》（1973—1978），杜波依斯的著作集到1978年已经出版20余卷，这些被认为是研究美国史、美国黑人史不可缺少的重要文献资料来源。

3. 历史学的界限变得越来越模糊了

第二次世界大战后，世界历史进入一个新的发展阶段，世界政治格局和人类社会生活的深刻变革，导致新的问题不断产生，需要人们从历史与现实的结合上做出回答。例如，《世界文明：全球的体验》，是在美国广泛流行的一本世界史教科书，编写者在回答为什么要学习世界史时说：原因显而易见，美国的人口构成在不断地改变，这增加了对国际状况理解的需求。……第二，美国对国际事务的参与不断增长，它在太平洋沿岸、加勒比海岸和大西洋长久以来就是一大势力，但是美国将它的利益划定在欧洲。在20世纪后半叶，参与了三场亚洲战役后，再加上全球范围大规模的经济文化往来，美国及其公民已经拥有了全球观念。这一观点强调，当前国际事务中重视所有文明的重要性。要完成教科书提出的学习世界史的任务，传统史学已显得无能为力，不得不借助其他相关学科的理论和方法。这样，就决定了战后西方史学发展的重要特征之一，即随着研究领域迅速扩大，传统史学同其他哲学社会科学各学科的界限变得愈来愈模糊，在广泛采用新的史学方法的基础上，出现了一系列历史学新的分支学科。

新的史学方法和一系列新的史学理论的产生有密切的联系，新的理论在不少方面需要通过新的方法体现出来，需要新的方法的支持。例如，英国克拉克爵士在其主编的14卷本《新编剑桥世界近代史》的《总导言：史学与近代史学家》中说："如果过去和现代之间没有连续性，如果一个生活在现代的历史学家不能把过去溶化在他的现代中，那么，他就不可能理解过去，或者写出能使他的同代人认为真实或者可以理解的有关过去的任何情况。"[①]克拉克认为历史学不能停止于描述，而在于做出判断。"一部历史书与仅仅是一堆有关过去的报导之间的区别之一，就是历史学家经常运用判断力。"[②]"历史不是人类生活的延续，而是思想意识的延续。"[③]"就历史学而言，我们可以断定，如果说它是一门科学的话，它是一门从事评价的科学。”④ 显然，二战后西方史学的问题意识、历史研究对社会现实的关注，以及史学的社会功能等，都出现了新的变化。而那些新的历史学分支学科的出现，则是在新的社会历史条件下，历史学在其自身发展变化的过程中，合乎规律的结果。所有变化都体现了战后西方史学理论化、一体化的发展趋势。二战后西方史学家对一些重要的历史过程或历史现象不仅仅做考实性的描述，更重视理论性的描述，且借助跨学科的方法充分实现史学的社会功能，这些都推动了当代西方史学的发展。

在西方国家，二战后得到迅速发展的历史学分支学科主要有社会史学、文化史学、人口史学、心智史学、心理史学、新经济史学、新政治史学、家庭史学、妇女史学、城市史学、口述史学、计量史学、比较史学等。这些历史学分支学科大体上可以分成两种情况：其一是作为一种研究方法，在20世纪初或第二次世界大战之前，就已经在历史研究中得到运用，但仅仅是一种研究方法而已，在历史研究的诸多方法中并无更多的影响，而二战后西方史学的发展使其有了更多的用武之地，影响逐渐扩大，逐渐形成具有完备形态的历史学分支学科，如计量方法—计量史学、比较方法—比较史学等。其二是在二战后特别是20世纪50年代末60年代初以后，在学术研究中跨学科方法的影响和推动下，首先是历史学和相关学科建立了密切的联系，然后在史学研究实践中逐渐形成和发展起来。国内外已有不少学者在自己的著述中，对这些分支学科的理论意义、方法论原则、发展进程、主要代表

---

① ②③④克拉克爵士等主编：《新编剑桥世界近代史》第1卷，中国社会科学出版社1999年，第12、22、24、31页。

人物、有影响的代表性著作，以及在史学中所产生的重要影响等进行了较充分的论述。

任何一门新的历史学分支学科，都不是史学理论和方法与相关学科的理论和方法进行简单地嫁接的产物，而是从科学研究的实际出发相互汲取、彼此交融的结果。一般认为，传统的历史学研究的缺点是只重视个案研究，就事论事，“只见树木，不见森林”；而社会学研究和史学研究恰恰相反，“只见森林，不见树木”。社会史学则是在克服历史学和社会学研究中的缺点和不足之处的前提下，充分发挥它们各自的长处，并将其有机地结合在一起去认识和分析社会历史现象，从而使之“既见树木，又见森林”。因此，社会史学并不反对分析一系列具体的、实证的社会历史现象，但却是从整体上认识社会历史现象，将人类历史作为一个有机联系的系统进行研究，并对社会历史矛盾运动中的重大问题做出整体性的回答。

应该指出的是，这些历史学分支学科在不少方面存有歧义，至今仍处在不断完善的过程中，但这并不影响它们在学术实践中获得继续成长的活力。造成这种情况的原因是多种多样的，主要是发展过程中产生的问题，有些问题受客观原因所制约，甚至是难以避免的。以“文化史学”为例，首先就要涉及如何认识“文化”这一概念的问题。据 1952 年不完全的统计，“文化”的定义有 161 种之多，此后近半个世纪以来，已发展达三百余种。英国著名的人类学家爱德华·泰勒研究原始文化时，曾对“文化”进行这样的概括：文化是包含有全部的知识、信仰、艺术、道德、法律、风俗，以及作为社会成员的人所掌握和接受的任何其他的才能和习惯的复合体。这个概括既得到不少人的赞同，也受到不少人的责难。至今，什么是“文化”仍歧义纷呈尚无定论，而且在相当长的时间内也难以有统一的意见，但这不应成为“文化史学”继续深入研究的障碍。相信不同学派学者通过广泛的对话，会在某些方面逐渐形成共识。

一系列历史学分支学科的出现，对西方史学的发展产生了深刻的影响，但是，如果认为它们的出现将会代替或已经动摇西方史学理论及方法的基础，那是不符合实际情况的。因为它们的主要作用，是进一步完善西方史学的理论和方法，只是一种补充。另外，在具体的历史研究中，也往往是各种不同的分支学科相互配合，从不同的视角进行综合研究，并非要使用某一种方法就一定要排除其他的方法。例如，论述1789年法国大革命爆发的原因时，不仅分析政治、经济原因，而且还可以从社会人口的变迁、社会心理的演变等方面进行分析，并与17世纪英国资产阶级革命进行比较，显然，这种综合分析更有助于人们认识法国大革命爆发的原因及这场革命的特点。

上述论及的历史学新的分支学科，是西方历史学的重要组成部分。基于此，它们不可避免的会受到西方史学观念的影响。《新编剑桥世界近代史》第12卷分析20世纪30年代苏联大清洗的原因时，用心理学的方法得出斯大林“病态心理”的结论，而这又是和1932年斯大林夫人的死联系在一起的，研究者认为斯大林夫人的去世使其“个性发展产生了一个重要的转折”，从此“疑心太重”，等等。这个结论即使在西方史坛也多有争议，因为论者从某种先验的观念和意识形态的偏见出发，过分夸大了心理因素的作用。

二战后，西方史学得到迅速发展，一系列历史学分支学科的出现即是具体表现之一。对其中一些有益内容，可以有选择地批判地汲取，为我所用。从总体上看，西方历史学分支学科的价值，在于其提出了什么问题，而不在于西方历史学家是怎样回答这些问题的。提出的这些问题同样给我们以启示，我们可以有所选择地深入研究相关的问题，只不过我们的研究是以唯物史观为理论指导，而不是盲目地照抄照搬西方史学的理论和方法。

十三、全球史和民族历史记忆

全球历史观自20世纪50年代在英国萌生以来，半个多世纪得到较迅速的发展，在近20年尤其如此，全球史因经济全球化的到来而凸现。“今天历史学著作的本质特征就在于他的全球性”——这已成为世界各国史家的共识，但是不同的国家和民族对全球历史的认识，既不会得出“全球同一”的答案，也不会因“全球史”而忽略各个民族和国家自己的历史。任何一个民族的生存和发展，都离不开自己民族的历史记忆，因为它是民族文化血脉传承的载体之一。一个民族丧失了自己的历史记忆，也就失去了自立于世界民族之林的基础。

1. 全球性是当代史学的基本特征

在国际史坛上，全球史强调把整个世界看作一个不可分割的有机的统一体，从全球的角度而不是从某一国家或某一地区的角度来考察世界各地区人类文明的产生和发展；全球史把研究重点放在对人类历史进程有重大影响的诸历史运动、诸历史事件和它们之间的相互关联、相互影响和相互作用上。在“全球史”的视野下，历史研究客体从“民族”或“国家”，正在改为“全球”，明显地表现出历史研究单位的变化。

20世纪50—60年代，苏联科学院主编了10卷本的《世界通史》，编者认为：“在上个世纪末和本世纪之初，‘世界通史’的性质起了显著的变化。这种变化，一部分是由历史知识的增长本身所引起的。许多重大的发现，尤其是考古学领域中的发现，开拓了历史科学的眼界，使历史科学能够洞察多少世纪的深处，恢复了许多久已消失的文明的面貌。历史科学的问题范围扩大了。历史研究的技术已更加复杂了。先前由著者单人执笔的‘世界通史’已由多卷集的集体出版物取而代之了。”[①] 例如，《剑桥古代史》《剑桥中世史》《剑桥近代史》，分别为12卷、8卷、14卷，1902—1939年先后出版。苏联科学院《世界通史》各卷，虽然努力“就复杂万端的大批历史事实中，阐述一些最重要的史实，借以对各个时代范围以内的世界史过程给予一个完整的图景，同时也照顾到这个过程在各国各地所表现的特征”[②]，但基本上仍然是以国别或民族为历史研究的单位加以描述。在20世纪60年代以前，无论是哪个国家的多卷本《世界通史》，都没有改变历史研究的单位，这一事实表明，以“民族”或“国家”为历史研究的单位，是国际史坛世界通史研究居统治地位的主流观点。

1902—1912年《剑桥世界近代史》14卷问世后，经过几十年，剑桥大学出版社在20世纪50年代开始陆续出版《新编剑桥世界近

①②苏联科学院主编：《世界通史》第1卷，三联书店1959年，第2页、第25页。

代史》，同样是 14 卷，由克拉克爵士主编。他说：“《新编剑桥世界近代史》并不按所有的国家分别进行连续地叙述。它既不是各民族历史的汇编，也不是在同一本书中包括这样一种汇编。它不打算成为每种民族语言的文学或每种地区性艺术流派的历史手册。如果是国际性事件，我们就从国际的观点予以叙述……”[①] 但是，克拉克在这部著作中，接受并发展了《剑桥世界近代史》主编阿克顿爵士的欧洲中心论观点。尽管世界上不同的国家和民族共同创造着世界文明，推动着人类历史的前进，但是在克拉克等西方史家的叙述中，各国在世界历史进程中的地位和作用并不是平等的，明显地表现出根深蒂固的“欧洲中心论”的影响。在以种族歧视为核心的欧洲中心论的影响下，“世界通史”研究的单位只能是民族或国家。非欧美国家和民族，特别是有色人种被视为“历史的包袱”，露骨地宣扬欧洲中心论。

20 世纪初，西欧中心论开始受到挑战，1918 年，德国历史哲学家斯宾格勒在其代表作《西方的没落》中，提出“文化形态史观”（或称“历史形态学”），他认为历史研究的单位是“文化”，并将生物学概念引入历史研究中，为人们描绘出一幅多中心而不是以西欧为中心的世界文化图景。他认为曾出现 8 种独立的文化系统，即埃及、巴比伦、印度、中国、古典（希腊、罗马文化）、阿拉伯、墨西哥和西方文化，西方文化只是其中之一。

“文化形态史观”的提出，和 19 世纪中叶之后“文化史”“文明史”研究在欧洲受到普遍重视有关。英国历史学家古奇在总结 19

---

① 克拉克爵士等主编：《新编剑桥世界近代史》第 1 卷，中国社会科学出版社 1999 年，第 33 页。

世纪的西方史学时说，那时，“历史的范围一直在逐渐扩大，直到它包括了人类生活的每一个方面。现在没有人敢再同意西利和弗里曼的主张：前者说，历史是列国的传记，后者说，历史是过去的政治。……自然界的影响，经济因素的压力，思想和理想的起源和转化、科学和艺术、宗教和哲学、文学和法律的贡献、物质生活条件以及群众的命运，这一切现在也同样要求历史家的注意。历史家必须不断地观察生活，也必须全面地观察生活”①。自然特征、居民的历史、中世纪时代的名胜古迹、村庄和城市、服装和食物、政治和社会特点、文化教育、宗教和方言等，被广泛地纳入史家的视野。

英国史学家G·巴勒克拉夫在其论文集《处于变动世界中的史学》（1955）中，最先明确提出“全球史观”问题，以后又在《当代史导论》（1967）、《当代史学主要趋势》（1978）、《泰晤士世界历史地图集》（1978）等著述中对其做了进一步阐释。他认为：主要从西欧观点来解释历史已经不够了，因此西方史学需要“重新定向”，史学家应该从欧洲和西方跳出来，将视线投射到所有的地区和时代。他认为“今天历史学著作的本质特征就在于他的全球性”，历史学家的重要任务之一是“建立全球的历史观——即超越民族和地区的界限，理解整个世界的历史观”。②他特别强调考察历史进程时，应该有“全球性眼光”。

20世纪70年代初，美国历史学家L.S· 斯塔夫里阿诺斯的两卷本《全球通史》，是“全球史”的代表性作品。作者以“全球”的视

---

① 古奇：《十九世纪历史学与历史学家》下，商务印书馆1989年，第859页。

② 巴勒克拉夫：《当代史学主要趋势》，上海译文出版社1997年，第1页、第242页。

角，描述了1500年以前和1500年以后的全球文明。作者强调：“本书是一部世界史，其主要特点就在于：研究的是全球而不是某一国家或地区的历史；关注的是整个人类，而不是局限于西方人或非西方人。”从这样的基本认识出发，作者研究的主要内容是“文明之前的人类”“欧亚大陆的古代文明”“欧亚大陆的古典文明”“欧亚大陆的中世纪文明”“1500年以前的非欧亚大陆世界”“1500年以前诸孤立地区的世界”“新兴西方世界，1500—1763年”“西方据优势地位时的世界，1763—1914年”“1914年以来西方衰落和成功的世界”等。这样，以“人类”“文明”和“世界”为作者进行世界历史研究的基本单位，便成了这部著作的主要特点，也是“全球史”或“全球史观”的基本特点。

历史研究单位的转变，既是一种历史观念的变化，也是一种历史方法的转变。但是，这种转变只是一定限度内的转变，而不应脱离其本意而将其无限扩充或随意附加。就“全球史”来说，并没有彻底结束“西方中心论”对西方史学的影响。例如，L.S·斯塔夫里阿诺斯强调他这部著作的基本观点时说：“就如一位栖身月球的观察者从整体上对我们所在的球体进行考察时形成的观点，因而，与居住在伦敦或巴黎、北京或德里的观察者的观点判然不同。”[①] 然而，这在实际中是很难办到的。如果将“一位”理解成一个民族、一个国家，那么他即使是从整体上去观察“我们所在的球体”，也只能形成这个民族或国家自己的观点，而非“全球”的，不能将自己的观点强加于人，即不能将一个民族或国家的观点，说成是“全球的观

①L.S·斯塔夫里阿诺斯：《全球通史——1500年以前的世界》，上海社会科学院出版社1988年，第54页。

点”。如果将“一位”广义地理解成不同民族或国家的集合，那同样也不会得出“全球同一”的共识，因为即使是“栖身月球”从整体上去观察“我们所在的球体”，也不会只用一个民族或一个国家的“一双眼睛”去观察，恰恰相反，因民族文化背景不同，历史思维和认知的方式不同，以及历史观和价值观的不同，会得出各种不同的答案。这些决定了历史判断的多样性，即使在全球史的架构中，也不会改变这一基本事实。

18世纪中期，德国哥丁根学派的一些史学家最早提出了西方中心理论。他们大肆宣扬西欧白色人种的优越性，认为西欧的历史是人类普遍的历史，始终是人类历史矛盾运动的中心。以后经德国哲学家黑格尔、史学家兰克，法国社会学家孔德，美国历史学家海斯、穆恩、韦兰等人的发展，使其系统化。“白种人是世界历史的主角”，“整个世界的历史都应以欧美的历史来认识和剪裁”，成为西方史学中一种根深蒂固的偏见。

中国历史学家对“西方中心论”久有批判。这种批判的过程，从某种意义上说，也是构建中国学者心目中的“全球史”的过程，虽然他们没有直接使用“全球史”这样的概念。

1928年3月，雷海宗在美国获得博士学位归国后，公开发表的第一篇文章是《评汉译韦尔斯著〈世界史纲〉》。他认为韦尔斯是“西洋著作界一个富有普通常识而缺乏任何高深专门知识的人，所以在他的脑海中‘历史’一个名词就代表‘西洋史’，而他的历史观也就是他以西洋史为根据所推演出来的一个历史观”。雷海宗还以“上古时的中国”为例，具体阐述了历史研究中“中国与世界”的辩证观点：“我们在学习世界历史的过程中要注意两个问题：第一要注意中国与世界其他地区的联系和彼此间的相互影响；第二要注意中国对世界人类文明发展的贡献。同时，我们中国人学习世界历史，则必须要从中国的角度来看世界，这样就能够在很大程度上纠正过去把‘世界史’看成是‘西洋史’的错误看法。”① 所谓“必须从中国的角度来看世界”，在某种意义上可以理解为“中国人学习世界历史”不是对西方史学思想的简单接受，而是通过自觉的文化选择，有助于形成中华民族的历史记忆。

周谷城在 1949 年出版 3 卷本《世界通史》，他一改以国别史为世界史基础的传统框架，不是以西欧为中心，而是从世界历史的整体出发研究全球的历史。第 1 册论述世界诸古代文化区，如尼罗河流域文化区、西亚文化区、爱琴文化区、中国文化区、印度文化区、中美文化区互相交叉、互相渗透的必然趋势。第 2 册主要论述 15 世纪之前亚洲、欧洲和非洲之间的历史。第 3 册则以 15 世纪以后的欧洲的历史为主。他认为，“反对西方中心论，并不抹煞世界史上某一时期某一区域成为突出的重点，把贯通全部历史的中心与一时突出的重点混为一谈”②。1961 年，他在《光明日报》《文汇报》先后发表《评没有世界性的世界史》《迷惑人们的西方中心论》，对西方中心论进行批评。他强调指出：“世界史，顾名思义，应该是关于世界整体的历史，应该具有世界性。”“否定以欧洲为中心的世界史，建立具有新观点新体系的世界史的时候已经到了。”③

1983—1993 年，吴于廑教授在《世界历史上的游牧世界与游牧

---

① 雷海宗：《伯伦史学集》，中华书局 2002 年，第 578 页。

②《周谷城史学论文选集》，人民出版社 1983 年，第 115 页。

③《周谷城史学论文选集》，人民出版社 1983 年，第 144 页、第 151 页。

民族》(《云南社会科学》1983 年第 1 期)、《世界历史上的农本与重商》(《历史研究》1984 年第 1 期)、《历史上的农耕世界对工业世界的孕育》(《世界历史》1987 年第 2 期)、《亚欧大陆传统农耕世界不同国家在新兴工业世界冲击下的反应》(《世界历史》1993 年第 1 期)相互关联的四篇论文，以及 1990 年《中国大百科全书·外国历史》的“世界历史”总述中，精辟地阐释了有丰富的全球历史观思想的新的世界史体系。他认为世界历史学科的内容，是对人类历史自原始、孤立、分散的人群发展为全世界成一密切联系整体的过程进行系统探讨和阐述。为此，就要广泛运用相关学科如人类学、考古学的成果，研究和阐明人类历史的演变，揭示演变的规律和趋向。这使人们深刻认识到“历史向世界历史的转变，不是‘自我意识’、宇宙精神或者某个形而上学怪影的某种抽象行为，而是纯粹物质的、可以通过经验确定的事实，每一个过着实际生活的，需要吃、喝、穿的个人都可以证明这一事实”①。此外，吴于廑在对斯宾格勒、汤因比、G· 巴勒克拉夫和 L.S· 斯塔夫里阿诺斯等的学术思想给予了充分的肯定，同时指出西方史学中的“欧洲中心论”影响，并没有因此而得到根本克服。

雷海宗、周谷城、吴于廑诸教授关于全球史的理论和研究实践，是中国史学的宝贵遗产，有待我们进一步去学习和研究。特别是在经济全球化的背景下，“世界史”正逐渐被“全球史”取代之际，我们从他们的理论研究实践中得到的启示是：不是盲目地适应西方强势文化国家的全球化模式，以及这一模式在史学领域中所体

① 《马克思恩格斯选集》第 1 卷，人民出版社 1995 年，第 51—52 页。

现出的种种规范；也不是去抵制全球化时代的到来，拒绝西方史学理论与方法中的有益内容，而是要主动地、自觉地、理所当然地积极参加到在全球化背景下，建构以马克思主义唯物史观为基础的马克思主义史学理论体系和话语系统。它首先应该实现的是当代中国历史学家，同时也是整个中华民族的的价值目标。

2. 全球化和全球史

全球史是有具体社会内容的全球史，是属于一定的历史范畴，并表现出鲜明社会意义的全球史。因此，它不可避免地会打上时代的——全球化和全球化意识形态的烙印。"全球化意识形态"有多种具体的表现，对其进行分析，有助于人们深入了解全球史的本质内容。

在西方一种具有影响的观点认为，"冷战"后资本主义失去了其原有制度的对手和意识形态的敌人，随着全球的发展，西方与非西方的界限逐渐模糊，"意识形态的发展是以西方的自由民主作为最终的政体在世界上普及而结束"。然而，事实并非如此，首先"西方的自由民主"也是一种意识形态。且不说"西方与非西方的界限"仍清清楚楚地存在，如果一定要说有什么变化，那只能说是在冷战时代意识形态的内容及表现形式有了新的特点。

英国学者安东尼·吉登斯是西方最早关注和阐释全球化的学者之一，1990年，他在《现代性的后果》一书中即指出：全球化是一个必定在社会科学的辞典中占据关键位置的术语。他的理论被称为"激进现代性的全球化理论"，不仅在学术界，而且在西方政府决策和社会生活中有着广泛的影响。他说，所谓全球化，是"世界范围内的社会关系的强化，这种关系以这样一种方式将彼此相距遥远的地域连接起来，即此地所发生的事件可能是由许多英里以外的异地事件而引起的，反之亦然”[①]。在吉登斯看来，这种巨大的“时—空”变化，并非仅仅局限在经济生活中，所以他强调全球化“在建立国际间新秩序和力量对比的同时，也在改变着人们的日常生活”[②]。“全球化不只是在一个‘外在’（outthere）的现象。它不仅指大规模全球体系的产生，而且指日常生活每一环节的变革。因此它是一个‘内在’（inhere）的现象，甚至影响着个人认同的亲密行为（intimacies）。”[③]吉登斯提出“乌托邦现实主义”，即“超越左与右”的“第三条道路”。“第三条道路”在西方颇有影响，它是形式上的资本主义与社会主义的“混合”，而实质上是资本主义。

今天，人们在讨论全球化的后果时，不再局限于经济全球化，开始关注思想政治、意识形态和文化的全球化，即哈佛大学肯尼迪学院院长、美国国防部前助理部长约瑟夫·奈称之为的“软力量”。在奈看来，硬力量指的是军事、经济等物质杠杆，软力量指的是意识形态、文化和道德诉求。“冷战”的胜利和美国文化和价值观念的全球化是通过“软力量”实现的。

20余年前，一些西方国家的学者曾指出，“全球化”正在变成一种新的“意识形态”。在历史研究领域中，明确全球史观不是以西方文化为核心内容的历史观念，是完全有必要的。因为明确“全球史

① 安东尼·吉登斯：《现代性的后果》，译林出版社2000年，第56—57页。

② 安东尼·吉登斯：《第三条道路：社会民族党的复兴》，北京大学出版社、三联书店2000年，第36页。

③ 安东尼·吉登斯：《失控的世界》，江西人民出版社2001年，第108页。

观”只是历史认识中的一种新的方法，从这样一种方法出发，不同的国家和民族，不同的历史思维和历史认识，会做出不同的历史价值判断，从而全球史观会呈现出不同的内容；相反，若把“全球史观”当作唯一的“全球化”的历史观念，那就难免陷入西方全球化意识形态的陷阱中去。

全球化使国家利益开始突破本土地理疆界向全球拓展。20 世纪 80 年代中期，美国等西方大国从维护自身利益的需要出发，确定战略控制范围，首先提出了“利益边疆”（或“战略边疆”）概念，全球化则进一步催生了利益边疆。利益边疆是相对于传统意义上的领土边疆而言的。领土边疆是国际法公认的主权国家行使对内最高管辖权的地域界限。这条地域界限往往以边界线的形式表现出来。边界线内外有着绝对的、原则的区别。而利益边疆则没有明确的地域指向性，它突出的表现形态之一是地域的不确定性。西方理论家有代表性的观点认为，要保证国家的“安全”，必须使自身的“利益边疆”远远大于“地理边疆”。

德国哲学家哈贝马斯有《超越民族国家》《在全球化压力下的欧洲的民族国家》等著述。他的“主权终结理论”的立论基础，是全球化对国家主权的挑战。在他看来，全球化已使“民族国家”这一陈旧的概念过时；因全球化的到来，民族国家的主权不断萎缩，并被架空；全球化使社会福利国家妥协面临着终结；全球化使主权国家行使自己权力的能力日益丧失和削弱。为了应对全球化对民族国家主权的挑战，必须“超越民族国家”，建立“世界公民社会”，今天，这个社会已经处于萌芽之中。在西方，与哈贝马斯“超越民族国家”大同小异的理论还有“非领土化的国家”“非民族化的国家”“虚体国家”，和“超越民族国家的治理”“没有政府的治理”，等等。在一些西方理论家看来，随着民族国家主权的衰落，一个体现了新的“全球规则”和“全球结构”的全球化的“帝国”正在形成。一些人认为：“一个已经形成疆界和基础的世界是没有任何前途的，右翼民众主义在欧洲（和世界其他地方）的兴起，可以说就是对此做出的反应。”“民族国家是未完成的国家……谁在世界性的超级游戏中只打民族国家的牌，谁就输。”“世界主义国家——我们已经作了各种不同的论证——是通过与全球公民社会的融合而形成的国家。”① 在这里，全球化，已经不再是民族国家的社会空间之间的日益紧密的相互交织。全球化的这种新定义，在西方有着广泛的影响，引起人们越来越多的关注。

在西方，对安东尼·吉登斯、哈贝马斯等人的理论，有不少人提出质疑或进行批判。例如，法国学者布迪厄认为，全球化是西方新自由主义宣传的产物，正像“野火”一样在世界蔓延，势不可挡地成为西方的主流意识形态。他对全球化进行了尖锐的批判：“全球化”口号本是西方新自由主义的人为宣传，而新自由主义是跨国公司的意识形态。“全球化”是跨国公司摧毁各民族国家经济主权乃至政治主权，在经济上控制全球的战略口号。作者反复强调：“全球化”不是一个“自然的过程”，而是一种有预谋、有组织实施的“政治行为”，是一场“旷日持久”的“思想灌输工作”在人们心目中强加的信仰。②

在西方，关于“全球化和反全球化”，并不仅仅停留在学者的争论中，而且也表现在具体的政治生活中，反全球化运动本身也成了

---

① 乌尔里希·贝克：《全球化时代的权力与反权力》，广西师范大学出版社 2004 年，第 1 页及扉页。

② 参见河清：《全球化与国家意识的衰微》，中国人民大学出版社 2003 年，第 3 页。

一种全球化，在纽约、西雅图、热那亚、达沃斯、尼斯、魁北克、哥德堡等地，多次发生大规模的反全球化的示威活动。全球化意识形态的各种表现，不可能不对“全球史”的认识产生直接或间接的影响。首先，正是在全球化的背景下，全球史的研究得到有力的推动。2000 年第 19 届国际历史科学大会在挪威奥斯陆举行时，“全球史的前景：概念和方法论”被列为会议的三大主题之一。来自 70 多个国家的 1800 余名史学家对这个问题给予了充分的关注，因为这个问题的研究反映了现实世界中可以看得见的变化，全球化趋势有力地促进了全球史研究的发展。2005 年 7 月在悉尼、2010 年在阿姆斯特丹、2015 年在济南的国际历史科学大会上，全球化以及全球史、历史学和跨文化交流等问题，引起越来越多的历史学家的关注。

20 世纪 60 年代以后，西方有多种在不同程度上体现了全球史观的著作问世，美国历史学家 L. S · 斯塔夫里阿诺斯的著作影响最为广泛。L. S · 斯塔夫里阿诺斯的两卷本《全球通史》出版后约 30 年，《全球通史》第 7 版在 1999 年问世。两种版本相比较，可以看出第 7 版的内容已经有了较大的改变。L. S · 斯塔夫里阿诺斯在《为什么需要一部 21 世纪的全球通史》的《致读者》中说：“每个时代都要书写它自己的历史。不是因为早先的历史书写得不对，而是因为每个时代都会面对新的问题，产生新的疑问，探求新的答案。这在变化节奏成指数级增长的今天是不言自明的，因此我们需要一部提出新的疑问并给出新的答案的新历史。”他在具体回答为什么在世纪之交要撰写新版本的《全球通史》时说：“答案与出版第 1 版的理由是相同的，还是那句话：新世界需要新史学。20 世纪 60 年代的后殖民世界使一种新的全球历史观成为必需，今天，20 世纪 90 年代以及 21 世纪的世界同样要求我们有新的史学方法。60年代的新世界在很大程度上是殖民地革命的产物，而90年代的新世界则正如教皇保罗六世所言，是‘科技的神奇影响力’的结果。科技渗透到了我们生活的方方面面，这种难以抗拒的影响令人信服地证明着它的存在。”[①] 科技革命，特别是计算机文化的普及是全球化的基础、前提和动力，从某种意义上说，它也是全球史的基础、前提和动力。

在认识全球史或全球化的历史时，确实有许多东西等待着我们去认识，但是这些认识不是脱离具体社会内容的抽象的所谓“学术”的认识，而必须要有社会学的关注。全球化意识形态是不以人的主观愿望为转移的客观存在，这在L. S· 斯塔夫里阿诺斯新版本的《全球通史》中可以清楚地看出。他在《历史对今天的启示——马克思的预期与世界历史的发展》一节中提到，事实恰好与马克思的预言相反，“革命首先发生的地方不是在西方，……可以说历史颠覆了马克思主义。……而在20世纪90年代则发生了一件更加令人惊奇的事件，它再次颠覆了马克思主义——由于计划经济的失败，1917年以来在第三世界建立的社会主义政权相继倒台。苏联、东欧及其他地区的社会主义政权解体后，正在狂热地寻求能够代替社会主义的体制”。我们不难从这段话中看到意识形态——全球化意识形态的渗透和影响。自然，这段话出自L. S· 斯塔夫里阿诺斯，是完全可以理解的。这只是再次表明，古今中外，史学不可避免受到意识形态的影响，这应是不争的事实。

---

①L.S·斯塔夫里阿诺斯：《全球通史》（第7版）上，北京大学出版社，第17—18页。

3. 民族历史记忆中的全球史

关于历史记忆的问题，是近年西方学者在历史哲学或历史认识理论中讨论较多的问题之一。例如，美国阿兰·梅吉尔在《历史认识论》中，即有专节讨论历史记忆问题，涉及“有记忆的历史”和“无记忆的历史”等等。法国历史学家雅克·勒高夫也有专著《历史与记忆》。这些著作更多的是理论上的阐释，也包括不同观点的讨论。例如，雅克·勒高夫认为，记忆有历史的“原材料”的特点，无论是思维中的、口头的还是书面的，它是历史学家汲取的活素材。而阿兰·梅吉尔则对此持有异议，他认为把记忆作为史实的唯一来源是有很大潜在危险的。在他看来，记忆是历史的必不可缺的条件并不意味着记忆是历史的一个基础，更谈不上它是历史唯一的基础。

历史是一种记忆的形式，历史著作的基本任务或最重要的任务，就是保存记忆和传承记忆。古代希腊史学脱胎于散文记事，那些古老的散文作家有闻必录，将散于民间的系谱、神话、传说记载下来，传承下去。所以西方史学自萌生时期起，就将史学和记忆密切地联系在一起。希罗多德在《希腊波斯战争史》(《历史》) 中写道：“在这里发表出来的，乃是哈利卡纳苏斯人希罗多德的研究成果。他之所以要把这些成果发表出来，是为了保存人类所达成的那些伟大成就，使之不致因为年代久远而湮没不彰，为了使希腊人和异邦人的那些可歌可泣的丰功伟绩不致失去其应有的光彩，特别是为了要把他们之间发生战争的原因记载下来，以永垂后世。”[①] 中国古典史

---

① 希罗多德：《历史》，商务印书馆 1959 年，第 167 页。

学也是如此。中国最早的编年体史学著作《春秋》问世，首先得益于商周以来的各种史料文献的积累。孔子正是大量使用了《鲁春秋》的文献资料，所以有《春秋》问世。这部著作“以事系日，以日系月，以月系时，以时系年”，具体体现了中国远古以来通过历史记忆的传递而形成的历史意识。始于中国史学童年时期的中华民族的历史记忆始终不曾中断，这也是中华文明五千年绵延不绝，表现出坚韧顽强的生存能力和融会更新的发展能力的重要原因之一。

当今，摆在我们面前的一个现实问题，是如何从中华民族的历史记忆出发，去认识日益引起人们关注的全球史问题。在这里，我们所说的历史记忆与西方学者所谈的历史记忆有着重要的差别，即我们所说的历史记忆特指民族的历史记忆，是社会主体，而非西方史家更多强调的、仅仅是历史认识个体的历史记忆。

中国史学是中华文明的重要组成部分。无论是中国传统史学，还是当代中国史学，都以其拥有名扬中外的史家、史著，以及完备的修史制度、丰富的史学体裁和史学思想，以及进步的、科学的历史观念而令世人瞩目。自先秦以来，中国史学十分重视史实的记录、搜集、整理，这是形成中华民族历史记忆的宝贵的资源。中国史学的重要特点和优点之一是经世致用，据《尚书·周书》记载，周公十分重视总结历史经验，提出“我不可不监（鉴）于有夏，亦不可不监（鉴）于有殷”，意在强调周能替代殷的原因，是“明德慎罚”。只有记住历史的教训，才能像夏朝那样久远。在探讨全球史的问题时，我们尤其应该发扬这一优良传统。因为探讨中华民族历史记忆中的全球史，不能封闭在历史学家的书斋中，而是需要将这个问题放在广泛的社会历史背景中去思考。

强调历史研究的现实感，并不是中国史学所独有。近代以来，特别是20世纪西方史学发展的重要特征之一，就是对现实问题的关注。古代希腊是西方史学的源端，其修史的目的是为了述古喻今，垂训后世。如修昔底德所言："擎起历史的火炬，引导人类在摸索中的脚步。"戴奥尼西也强调："历史是一种以事实为训的哲学。"曾任美国历史协会主席的特纳提出过颇有影响的"边疆学说"，其要旨是：美国历史发展的基本因素是边疆，美国历史在很大程度上可以说成是对大西部的拓殖史，但美国边疆的扩张是"文明"的扩张，是"文明"对"野蛮"的讨伐。不少西方史家信奉"没有事实，只有解释"，历史学家的社会责任在于为当前而解释过去。一些人认为西方史学所以"高明"于中国史学，主要表现为西方史学从来不关注现实问题，而是什么"科学化""国际化"和"多学科化"，这显然与实际情况不符。这要么是武断、无知，要么是在误导涉及不深的天真的青年人。因为"科学化""国际化"和"多学科化"，只是一种现象或手段，而这种现象或手段的实质，还是如何更好地回应现实，回答现实生活提出来的一系列问题。这样，就不难理解我们为什么要强调中华民族历史记忆中的"全球史"。这种强调并非是多余，因为这是和在全球化的背景下，强调中华文化的独立性紧紧联系在一起的。

在西方，主张历史研究的目的是为了更好地理解现实和未来，这并不是在20世纪才开始的。述及19世纪的西方史学，德国"兰克学派"的客观主义史学的影响最大。人们一般只看到兰克和兰克学派所主张"超然的""不偏不倚"的"客观主义"，以及撰写历史时应做到"如其实在所发生的情形一样"，而忽略了在这些"招牌"背后，德国近代史学所表现出的强烈的民族主义色彩正是经过兰克及其弟子们的系统阐发和传播的结果。兰克所代表的近代德国史学中的民族主义倾向，和德国等欧洲民族国家的建构有着直接的联系，不可能脱离政治环境、社会氛围和宗教观念的影响，不存在所谓的“客观”。不仅是兰克，同时代德国其他的历史学家也是如此，特别是“普鲁士学派”成员的表现就更为突出。在1830—1871年德国走向统一的过程中，历史学家在这些关键时期所扮演的重要角色是前所未见的。如果我们对历史学家们的角色不加重视，我们就无法写出真实的德国的历史。从这一事实出发，我们不难了解西方史学关注现实传统的历史渊源。这一传统并没有因为“全球化时代”的到来而改变，相反，在新的历史条件下不可避免地表现出新的特点。

如果说经济全球化是当今世界的历史潮流，那么，文化——民族文化的多样性同样是当今世界不可阻挡的另一股潮流。史学被称为“文化中的文化”，具体到全球史，也不可能是只有一个模式的全球史。如果说只有一种全球史，那只能是按照西方中心的史学观念和西方意识形态塑造的全球史。我们所说的全球史，是中国立场、中国观点的“全球史”。全球史的内容毫无疑义以全球性为基本内容，但对这些内容，却不存在全球统一或唯一的认识。中华民族有自己民族历史记忆中的全球史，其他民族也是如此。

民族的历史记忆是发展着的历史记忆，也是开放的历史记忆。在不同的历史时期，民族的历史记忆会有不同的内容，会不断地发展变化。它不仅仅是自身社会历史发展的折射，是历史与现实的呼唤，同时也是汲取其他民族优秀文化的结果。那种担心强调民族的历史记忆会导致文化保守主义或狭隘民族主义的认识，是完全多余的。中国“文化的发展要借鉴外邦文化、吸收外邦文化，但同时要保持民族的主体性、独立性。必须资外以宏内，不能徇外而蔑内。

如果失去了民族文化的独立性，那就沦为外邦文化的附庸！如果丧失了民族的自尊心和自信心，文化的正常发展也将是不可能的”。[①]这在历史研究中也是如此，如果我们的历史研究只是一味地复制西方史学的理论和方法，这对发展我们自己的历史记忆没有任何意义，相反是一种削弱，甚至是一种破坏，如果是这样，那么这种研究的价值又在哪里呢？历史研究要建立在对当代中国、当代世界复杂的现实问题的思考上。因此，要独立地对世界历史进行认识和思考，就不能寄希望在西方的概念体系中将自己的观点得到阐释，不能离开了西方的命名系统就寸步难行。在新的历史条件下，我们要有属于自己民族历史记忆中的全球史，只有这样，我们才能通过全球史的研究，不断充实和发展自己的历史记忆，使我们历史记忆的宝库中有更加丰富的资源，不断提高当代中国史学的科学水平，从而为实现中华民族伟大复兴做出更加积极有益的贡献。

① 张岱年：《中国文化的改造与复兴》，见《文化与价值》，新华出版社2004年，第253页。

结束语：铭记历史，开创未来

马克思主义创始人十分重视历史和历史研究，他们说："我们仅仅知道一门唯一的科学，即历史科学。""我们根本没有想到要怀疑或轻视'历史的启示'，历史就是我们的一切。"[①] 中国共产党的历代领导人也是这样，毛泽东说："今天的中国是历史的中国的一个发展；我们是马克思主义的历史主义者，我们不应当割断历史。从孔夫子到孙中山，我们应当给以总结，承继这一份珍贵的遗产。这对于指导当前的伟大的运动，是有重要的帮助的。"[②] 历史既是人类总结过去的记录，也是人类把握今天，创造未来的向导。习近平说："今天世界遇到的很多事情可以在历史上找到影子，历史上发生的

①《马克思恩格斯文集》第 1 卷，人民出版社 2009 年，第 519 页；《马克思恩格斯全集》第 3 卷，人民出版社 2002 年，第 520 页。

②《毛泽东选集》第 2 卷，人民出版社 1991 年，第 534 页。

很多事情也可以作为今天的镜鉴。重视历史、研究历史、借鉴历史，可以给人类带来很多了解昨天、把握今天、开创明天的智慧。”“历史是人类最好的老师。”[1]

中国传统文化的重要内容之一，是彰显史学的社会功能。以铜为鉴，可以正衣冠；以史为鉴，可以知兴替；以人为鉴，可以明得失。清末启蒙思想家龚自珍所言“出乎史，入乎道，欲知大道，必先为史”[2]也是讲这个道理。2015 年 8 月，习近平总书记在致第二十二届国际历史科学大会的贺信中，强调历史学承担着“究天人之际，通古今之变”的使命，重视历史学的社会功能，关注现实，是在新的历史条件下弘扬中国传统史学的积极内容，对历史的研究要赋予其新的时代特征和新的时代内容。

今天，中国和世界的联系密不可分，中国已不再是处于世界体系边缘的旁观者，也不再是国际秩序被动的接受者，而是积极的参与者和建设者。抗日战争胜利和中华人民共和国成立后，中国洗雪国家耻辱、恢复民族自信，自强自立于世界民族之林。中国作为影响现代世界历史进程的重要力量之一，必须对现代世界有真切的了解。当今世界正在发生深刻复杂的变化，世界多极化、经济全球化深入发展，文化多样化、社会信息化持续推进，科技革命孕育新突破；同时，世界仍很不安宁：国际金融危机影响深远，世界经济增长不稳定不确定因素增多，全球发展不平衡加剧，全球性问题更加突出。然而，世界的今天是从世界的昨天发展而来。历史不会消失，

① 习近平：《致第二十二届国际历史科学大会的贺信》，2015 年 8 月 23 日。

② 龚自珍：《尊史》，见《中国近代思想家文库·龚自珍集》，中国人民大学出版社 2015 年，第 256 页。

即使是遥远的古代，也不会消失得无影无踪。历史就是历史，事实就是事实，历史和事实不以任何人的意志为转移，它忠实记录下世界和每一个国家的发展轨迹，也给人类的未来发展提供启示。任何一个国家和民族在自己的发展进程中，若无视历史的教训和启迪，都将受到历史的惩罚。

历史是认识现实的一面明镜。1882 年 9 月中旬到 12 月上半月，恩格斯曾研究了古日耳曼人的历史，并撰写有著名的《马尔克》一文。“马尔克”这种土地制度，在 18 世纪末虽然只剩下很少的残迹，但在整个中世纪里，它是西方不少国家一切社会制度的基础和典范，它浸透到全部的公共生活，不仅在德意志，而且在法兰西北部，在英格兰和斯堪的那维亚半岛都有深远的影响。为什么要研究古日耳曼人的历史呢？恩格斯说：“在德国这样一个还有整整一半人口靠种地过活的国家里，有必要使社会主义工人，并且通过他们使农民弄清楚，当前的大小土地所有制是怎样产生的；有必要拿古代一切自由人的公有制（包括他们当时的真正‘祖国’，即祖传的自由的公有土地），同当前短工的贫困和小农受债务奴役的状况对比一下。所以，我打算对最古老的日耳曼土地制度，做一个简短的历史叙述。”[①] 恩格斯研究历史不是发思古之幽情，他始终认为，“马克思的历史理论是任何坚定不移和始终一贯的革命策略的基本条件”[②]。恩格斯通过分析日耳曼的土地关系发展的一般道路和农民的命运，从历史与现实的结合上，宣传科学社会主义的基本原理，指导现实

① 《马克思恩格斯全集》第 19 卷，人民出版社 1963 年，第 353 页。

② 《马克思恩格斯文集》第 10 卷，人民出版社 2009 年，第 532 页。

的世界社会主义运动。关于这篇文章，恩格斯在1882年12月22日给奥·倍倍尔的信中写道："这是几年来我研究德国历史的第一个成果，我感到十分高兴的是，我能够首先把它献给工人，而不是献给书呆子和其他'有教养者'。"[①] 毋庸讳言，恩格斯无意成为历史学家，他从不隐讳他的历史研究是为了阐发科学社会主义基本原理，但这丝毫也无损于他这篇日耳曼古代史研究成果的科学价值。

1917年，意大利历史哲学家克罗齐在论及历史的当代性和历史性的辩证关系时，曾提出"一切真历史都是当代史"这一著名命题。克罗齐史学思想的重要特征之一，是将"历史"和"编年史"进行了严格的区分，这和"一切真历史都是当代史"是联系在一起的。他说："历史是活的历史，编年史是死的历史；历史是当代史，编年史是过去史；历史主要是思想行动，编年史主要是意志行动。一切历史当它不再被思考，而只是用抽象词语记录，就变成了编年史，尽管那些词语曾经是具体的和富有表现力的。"他还认为："当生活的发展逐渐需要时，死历史就会复活，过去史就变成现在的。罗马人和希腊人躺在墓穴中，直到文艺复兴欧洲精神重新成熟时，才把他们唤醒。""因此，现在被我们视为编年史的大部分历史，现在对我们沉默不语的文献，将依次被新生活的光辉照耀，将重新开口说话。"[②] 在克罗齐看来，每一个历史判断的基础都是实践的需要，它赋予一切历史以当代史的性质，因为无论与实践需要有关的那些事实如何年深日久，历史实际上总面向着当时时代的需要和实际。

① 《马克思恩格斯全集》第35卷，人民出版社1963年，第416页。

② 参见克罗齐：《历史学的理论和历史》，中国社会科学出版社2005年，第6页、第11页、第15页。

2013年12月26日，习近平在“纪念毛泽东同志诞辰120周年座谈会”上讲话时指出：“不论发生过什么波折和曲折，不论出现过什么苦难和困难，中华民族5000多年的文明史，中国人民近代以来170多年的斗争史，中国共产党90多年的奋斗史，中华人民共和国60多年的发展史，都是人民书写的历史。”铭记历史，开创未来。历史是从昨天走到今天，再从今天走向明天，因此“今天”是认识过去，展望未来的起点和归宿。古往今来，有建树有作为的史家总是把过去、现实和未来，看成一个有机的整体，他们不脱离火热的现实生活，自觉地与人民同呼吸共命运，自觉地回答“今天”在实践中提出的重大理论问题和热点问题。继承和弘扬中国史家经世致用、关注现实的优良传统，至今仍是摆在我们面前的现实任务。

人类在汲取历史的智慧中走向未来。世界各个国家和民族当前面临的一个重要问题，就是在自己的发展历程中，应该尊重彼此的选择，加深彼此的了解，以利于共同创造人类更加美好的未来。人类只有一个地球，各国共处一个世界，世界各民族共同创造了人类历史，共同推进人类文明不断进步。漫长的世界历史告诉人们，人类文化的起源是多元的。在大约一万年前，世界出现了四大独立起源的农业文明中心区：两河流域西亚农业起源中心区、中国农业起源中心区、中南美洲和非洲农业起源中心区。人类文化的多元文化源头，至今仍可以看得清清楚楚。一部人类文明的历史，从某种意义上可以说，就是各个民族多元文化发展的历史。

几千年来，希腊文化、希伯来文化、印度文化、中国文化、非洲文化，以及阿拉伯伊斯兰等文化，共同创造了光辉灿烂的人类文化，为人类文化的发展做出了自己独特的贡献，对人类社会的历史和现实产生了深刻的影响。正是各个民族文化的存在和发展，以及不同文化之间的交流和交融，才使文化在各个历史时期呈现出色彩缤纷的多样性，这是整个人类文明存在和发展的基础。

2005年，联合国教科文组织第33届大会上154个参与投票的国家和地区，以148票赞成，4票弃权，2票反对，通过了《文化多样性公约》。维护和发展文化多样性、反对文化单边主义，彼此相互尊重，不断加强了解，是世界各国人民的共同愿望。世界文化的多样性，是人类世界存在的基本形式，是人类文化存在的基本形态，也是促进人类社会不断前进的动因。为了人类文明进步和世界和平，我们要以史为鉴，牢固树立人类命运共同体意识。党的十九大报告明确发出各国人民同心协力构建“人类命运共同体”的呼吁。在经济全球化的视阈下，国际社会日益成为一个你中有我、我中有你的“人类命运共同体”，面对世界经济的复杂形势和全球性呼吁，任何国家都不可能独善其身。不论人们身处何国、信仰何如、是否愿意，实际上大家已经处在一个命运共同体中。人类社会是一个相互依存的共同体已经成为共识。

“人类命运共同体”成为近年中国政府反复强调的关于人类社会的新理念。2011年，《中国的和平发展》白皮书明确提出，要以“命运共同体”的新视角，寻求人类共同利益和共同价值的新内涵。所谓人类命运共同体意识，就是要坚持不同文明兼容并蓄，包容互鉴，尊重世界文明多样性、发展道路多样化，尊重和维护各国人民自主选择社会发展道路的权利，彼此取长补短，相互借鉴，共同推动人类文明进步。人类命运共同体超越种族、文化、国家与意识形态的界限，为思考人类未来提供了全新的视角。

纵观近代以来的世界历史，西方列强为维护自身权益强行在世界建立、划分势力范围，掠夺他国资源和廉价劳动力，争夺世界霸权，他们不惜动用武力，发动战争，这是至今仍战乱不息的根本原因。在今天的世界上，霸权主义、强权政治，以及粮食安全、资源短缺、气候变化、网络攻击、人口爆炸、环境污染、疾病流行、跨国犯罪等全球非传统安全问题层出不穷，对国际秩序和人类生存都构成了严峻挑战。历史昭示我们，弱肉强食、穷兵黩武、发动战争，只能给世界各国人民带来无穷无尽的灾难。历史是最好的教科书，也是最好的清醒剂。纵观今日的世界，历史的伤痕还在，历史的警示还在，历史的教训还在。“和平”这个战争的“果实”，是用人的血泪和生命孕育的，中国人民永远不会忘记。自远古以来，中国人民就追求“和为贵”，追求永世和平，“人类命运共同体”的提出，正是建立在对鲜活历史记忆的现代理解的基础上。

习近平说：“中国有着5000多年连续发展的文明史，观察历史的中国是观察当代的中国的一个重要角度。不了解中国历史和文化，尤其是不了解近代以来的中国历史和文化，就很难全面把握当代中国的社会状况，很难全面把握当代中国人民的抱负和梦想，很难全面把握中国人民选择的发展道路。中国人民正在为实现中华民族伟大复兴的中国梦而奋斗，需要从历史中汲取智慧，需要博采各国文明之长。”① 回顾历史，充分展示了历史和人民怎样选择了马克思主义、选择了中国共产党、选择了社会主义道路。历史给人以深刻的启迪，坚定了中国各族人民承前启后，继往开来，为努力实现中华民族伟大复兴的中国梦奋勇前进的信心和决心。

实现中国梦，需要从历史中汲取智慧，首先是勿忘昨天，无愧

---

① 习近平：《致第二十二届国际历史科学大会的贺信》，2015年8月23日。

今天，不负明天，自觉担当起实现中国梦的伟大历史使命。近代史上，中华民族遭受的苦难之重、付出的牺牲之大，世所罕见。实现中华民族伟大复兴，是近代以来中华民族的伟大梦想。这个梦想是历史的呼唤，凝聚了几代中国人的夙愿。鸦片战争以后，中国逐步沦为半殖民地半封建社会，为了救亡图存，中国各阶级、各阶层和无数仁人志士，进行了不屈不挠的抗争，却一次次归于失败。中国共产党自诞生之日起，就勇敢担当起实现民族复兴的伟大使命。

实现中华民族伟大复兴的中国梦，是历史和时代赋予我们的庄严使命。近代以来，中华民族最大的梦想就是实现中华民族伟大复兴。中国的历史文化、历史命运、历史条件决定了中国人民必须在自己选择的道路上实现自己的梦想。人类文明的多样性，决定了梦想的多姿多彩。中国梦是和平、开放、包容之梦。古代中国所坚守的和平交往、厚往薄来、利他主义、以和为贵、以德服人、兼爱非攻、道义外交等理念和规范，经过几千年的积淀，已融为当代中国各族人民共同的精神追求。中国梦的实现需要借鉴人类文明成果，"万物并育而不相害，道并行而不相悖"。[①]

"中国历史是中国人民、中华民族坚持不懈的创业史和发展史。其中既有升平之世社会发展进步的丰富经验，也有衰乱之世的深刻教训以及由乱到治的经验智慧；既有当事者对时势的分析陈述，也有后人对前人得失的评论总结。可以说，在中国的史籍书林之中，蕴涵着十分丰富的治国理政的历史经验。其中包含着许多涉及对国家、社会、民族及个人的成与败、兴与衰、安与危、正与

① 出自《礼记·中庸》。

邪、荣与辱、义与利、廉与贪等等方面的经验与教训。”[①] 在学习中国历史的同时，还应该学习一些世界历史知识。中国历史是世界历史的重要组成部分，中国自古以来就同世界上许多国家和地区发生着各种各样的联系。但无论是学习中国历史还是世界历史，都要坚持马克思主义的历史观和方法论，不能读死书，自觉做到“博学之，审问之，慎思之，明辨之，笃行之”，把历史读“活”，而“活”的目的全在于应用。知古鉴今，历史可以鉴前世之兴衰，考当今之得失。历史的经验和教训是对历史事实的提炼，为当下实现“中国梦”给予智慧和启迪。

① 习近平：《在中央党校 2011 年秋季学期开学典礼上的讲话》，2011 年 9 月 1 日。

本作品中文简体版权由湖南人民出版社所有。
未经许可，不得翻印。

图书在版编目（CIP）数据

历史的慧眼：今天我们怎样读历史 / 于沛著. —长沙：湖南人民出版社，2019.5（2021.7）
ISBN 978-7-5561-2105-2

I. ①历… II. ①于… III. ①马克思主义—历史观—研究 ②中国历史—研究 IV. ①A 811.692 ②K207

中国版本图书馆CIP数据核字（2018）第293900号

LISHI DE HUIYAN——JINTIAN WOMEN ZENYANG DU LISHI

历史的慧眼——今天我们怎样读历史

著　　者　于　沛
责任编辑　周　熠
装帧设计　杨发凯
责任校对　杨萍萍

出版发行　湖南人民出版社［http://www.hnppp.com］
地　　址　长沙市营盘东路3号
邮　　编　410005
经　　销　湖南省新华书店

印　　刷　湖南贝特尔印务有限公司
版　　次　2019年5月第1版
　　　　　2021年7月第4次印刷
开　　本　880 mm × 1230mm　1/32
印　　张　8.125
字　　数　195千字
书　　号　ISBN 978-7-5561-2105-2
定　　价　49.80元

营销电话：0731-82683348（如发现印装质量问题请与出版社调换）